# 组团式德育

## 学校日常主题教育活动规范化建设

黄之颖 主编

上海交通大学出版社
SHANGHAI JIAO TONG UNIVERSITY PRESS

## 内容提要

本书为上海市徐汇区教育综合改革项目中的组团式德育项目结项后的成果汇编，该项目凝聚着向阳小学、上海小学、盛大花园小学、龙南小学、徐汇实验小学、逸夫小学、樱花园小学、徐浦小学四年的努力和心血。书中从德育的四个板块公民人格教育、政治认同教育、国家意识教育、文化自信教育出发，在介绍了每个板块教育的内涵后各举两个小学的案例，通过学校的具体实践项目情况，为组团式德育的开展提供样本。书中另附德育项目开展过程中各校收集到的相关参考信息，如推荐的电影、图书、活动基地等，以为更多要开展德育活动的群体提供借鉴。

### 图书在版编目（CIP）数据

组团式德育：学校日常主题教育活动规范化建设 /
黄之颖主编. —上海：上海交通大学出版社，2023.9
ISBN 978-7-313-24209-9

Ⅰ.①组…　Ⅱ.①黄…　Ⅲ.①中小学－德育工作－研
究　Ⅳ.①G631

中国版本图书馆CIP数据核字（2021）第048252号

**组团式德育：学校日常主题教育活动规范化建设**
ZUTUANSHI DEYU: XUEXIAO RICHANG ZHUTI JIAOYU HUODONG
GUIFANHUA JIANSHE

主　　编：黄之颖

| | | | |
|---|---|---|---|
| 出版发行：上海交通大学出版社 | | 地　　址：上海市番禺路951号 |
| 邮政编码：200030 | | 电　　话：021-64071208 |
| 印　　制：苏州市越洋印刷有限公司 | | 经　　销：全国新华书店 |
| 开　　本：880mm×1230mm　1/32 | | 印　　张：5.25 |
| 字　　数：96千字 | | |
| 版　　次：2023年9月第1版 | | 印　　次：2023年9月第1次印刷 |
| 书　　号：ISBN 978-7-313-24209-9 | | |
| 定　　价：78.00元 | | |

# 编委会名单

（按姓氏笔画排序）

徐浦小学　王　燕

上海小学　朱依佳

盛大花园小学　刘长丽

徐汇实验小学　肖　燕

龙南小学　陈惠奕

向阳小学　黄之颖

逸夫小学　潘　毅

樱花园小学　薛文斌

# 序

　　呈现在大家面前的这本书，是上海市徐汇区教育综合改革项目的一项成果。从2016年至2019年实践探索，2020年研究总结，前前后后跨越四个寒暑，整整四年，凝聚着向阳小学、上海小学、盛大花园小学、龙南小学、徐汇实验小学、逸夫小学、樱花园小学、徐浦小学八所项目组学校领导和第一线教师辛勤的劳动和智慧的心血。他们不仅圆满完成了项目研究，而且积极探索了区域内学校德育工作开展的有效模式，以实际行动推进了上海市"一体化构建大中小学德育内容体系和工作体系"，并且在一系列教育实践中取得了良好的效果，受到了上级领导以及教育界同行和广大学校师生的高度好评。

　　灿烂的政治思想之花，结出了累累丰硕成果。这些成果已经在教育实践中可借鉴、可复制、可推广，可在此基础上进一步并且还将继续创新深化。确实是"实践出真知"，"实践是检验真理的唯一标准"，实践证明了成果的针对性和实效性。

第一，成果完全符合党和国家的要求。组团式德育教育顺应了教育改革发展的潮流，立德树人，教书育人，全员全程全方位育人。一系列实践紧紧围绕着教育的根本宗旨，紧紧抓住了政治引领这一思想教育的灵魂与主线，培育和践行社会主义核心价值观，弘扬中华优秀文化，引领红色基因代代相传，并且努力创造和创新思想教育的方式方法和平台载体，反映了情感、艺术、时尚元素和新媒体等在思想教育中的作用。每一个教育案例都是鲜活的、正能量的，其中包括活动概述、活动内容、活动方式、活动评价等，还附有活动资源列表，即推荐书目、影视、实践基地等可供参考。

第二，成果比较好地反映了广大基层学校德育工作的各种亮点特色。围绕政治认同、国家意识、公民人格、文化自信四大思想教育主题，除了认真到位做到规范——计划的规范、课程的规范、制度的规范、队伍的规范等以外，还反映了各校"你无我有，你有我优，你优我特"的方方面面。比如：向阳小学的"高举队旗跟党走""打着队旗去考察"、上海小学的"小鲤鱼德育课程手册"、盛大花园小学的"走遍中国爱我中华"、龙南小学的"少年军校队风队纪活动"、逸夫小学的"红领巾心向党"、徐浦小学的"爱祖国爱家乡桥文化"、樱花园小学的"传统文化节纪念日"、徐汇实验小学的"乐动乐学乐读乐思乐行——小乐乐活动"等等。

第三，成果告诉我们，组团式德育项目研究是有利于学校进一步推进德育工作、提升学校德育工作的层次水平的，这就叫作"抱团取暖"地做好德育工作。区域内学校与学校之间虽素有交往，但现在有了"组团式德育项目"，这种交往变得更加频繁，更加紧密，也更加科学。项目共同研究的学校出台了项目建设的方案，确定了"种子学校"，定期召开会议讨论交流，分别举行现场展示活动，建立了共享的资源库，直至完成了研究报告，申报案例，形成了项目学校均认同明确的一系列一体化顶层架构设计等等。总之，"组团式"好，这不仅是一种情分，通过这次共同研究出成果，更成为一种制度，一种制度规定下的名正言顺的"名分"。

第四，成果告诉我们，这四年"组团式德育项目"一路走过来不容易，不仅收获了做好德育工作、思想教育的"妙计法宝"，与此同时还锻炼了一支善于做好工作的教师队伍，他们是孩子们亲密的大朋友、指导者、引路人，更是我们党和国家教育事业的"政治思想工作者"，他们正在按照习近平总书记提出的要求努力，他们"政治强，情怀深，视野广，思维新，人格正，自律严"，教育有了他们，党和国家满意，人民满意；孩子们有了他们，孩子们就有了光明的未来，充满了希望。

当然，项目研究出了成果并不是终结，而是一个新的开始。还有许多新问题、新情况、新挑战摆在学校和教师、家长、学生们的面前，怎么办？唯有再学习，再实践，再认识，再反思，再研究。

衷心祝愿各有关学校工作做得更好！

衷心祝愿师生们健康、快乐、幸福,成长得更好!

我们共同努力!

洪雨露

上海市少先队工作学会副会长

上海市教育人才交流协会副会长

上海市特级校长、特级教师

全国少先队名师工作室主持人

2022 年 2 月

# 目录

# 公民人格教育

第一章

# 第一章
# 公民人格教育

## 一、公民人格教育内涵

所谓公民人格教育是指"人"的全面素质教育。公民人格是与一个国家的法律制度、政治制度相适应的品德、知识、功能、情感，是公民主体性资格和身份认同的意识自觉与价值生成。当受教育者意识到自己是社会权利和义务的价值主体时，公民人格才得以确立。开展公民人格教育要以爱国主义教育、集体主义教育、社会主义教育、责任教育、法制教育、公德教育和人格教育为主要内容。在小学阶段要以树立正确的人生观、价值观、世界观为首，培养良好的品行和习惯，树立自信心，培养孩子做一个有责任感的人。

探讨公民人格教育的内涵离不开对人格的理解。从词源来看，"人格"一词最初源于古希腊语中的"persona"，意指古希腊戏剧演员所佩戴的面具，它所代表的是戏剧中人物的角色,体现的是不同人物的特征。在心理学中,人格是构成一个人的思想、情感及行为的特有模式,这个独特模式包含了一个人区别于他人的稳定而统一的心理品质。按照美国教育家洛克伍德的理解,人格教育是指任何由学校发起的,通过明确教授可以直接导致良好行为的、非相对主义的价值观,以直接系统地养成年轻人良好行为的教育项目。

2017年,我国教育部印发的《中小学德育工作指南》将引导学生"形成积极健康的人格和良好心理品质"作为中小学德育工作的目标之一。而公民人格教育作为人格教育的重要组成部分也在德育教育中显得愈发重要。针对公民人格教育,应明晰几个基本内容:首先,明确公民人格教育的主体。公民人格教育的主体是公民。其次,确定公民人格教育的目标。公民人格教育的目标是使受教育者成为政治、经济和社会生活中的合格公民,能积极、主动地参与政治生活、社会公共生活,行使自己的权利,履行自身的义务。最后,正确定位公民在教育系统中的地位。公民人格教育具有基础性、全民性和终身性的特点,这奠定了其在教育系统中的重要地位。

基于以上几点,对小学生来说,公民人格教育是"造就公民的教育",应当强调对公民的公共精神、公共道德、公民权利义务、公民责任等的培养。其次,公民人格教育是"对公民的教育",是面向所有公民的教育,包括小学阶段的学生。最后,公民人格教育是"通过公民(生活)的教育",目的是要使学生从活动中体会和理解公民在社会上并不是孤立的存在,而是和其他公民相互联系的。

## 二、公民人格教育案例

### (一)上海小学案例

徐汇区上海小学始建于清光绪二十九年(1903年),是一所百年老校,也是区域内一所大型公办学校。在百余年的学校历史发展中,学校形成了"诚敬勤精"的教风和"黜华崇实,祛惑存真"的龙门精神。它坐落于上海西南部的上中路200号,与闻名遐迩的上海中学毗邻。校园占地约30亩(1亩为666.7平方米,计20 000余平方米),建筑面积13 500平方米。校园内古树参天,小桥流水,鸟语花香,环境怡人,是上海市首届文明校园、上海市新优质集群项目校、上海市花园单位、上海教科院普教所教育科研实验基地之一,也是中国创造学会教育专业委员会实验基地。目前学校有教学班41个,教职工112人,学生1 770名。

2013年,于建校110周年之际,学校提出"传承百十年龙门精神,创建老百姓满意的'新优质学校'"的理念。这之后的几年,学校形成了"每一个人的足迹书写学校的历史,每一个人的思想汇聚学校的文化"的文化内涵。学校积极开展"快乐活动日""小鲤鱼德育课程"建设,为学生搭建各类培养兴趣、体验实践、展示才能的舞台。"小鲤鱼德育课程"是上海小学的特色德育课程,由服务课程、体验课程、校史课程三大板块构成。它以上海小学的吉祥物"小鲤鱼"命名,希望培养出学生"善于学习,智者不惑;诚于做人,仁者不忧;敢于担当,勇者不惧"的良好品质。

【活动主题】 小鲤鱼德育课程——我参与,我实践,我快乐

【活动时长】 五学年

【活动目标】

(1)通过小学五年的主题教育课程,在不同的环境中进行社会活动,获得持续的、循序渐进的体验和感悟。

(2)通过小鲤鱼校史课程,知道自己所在学校的方位、地址和联系电话;熟悉学校的环境和设施;了解学校的各项活动,知悉各项活动的各项规则。

(3)通过小鲤鱼体验课程,了解学校、老师、环境,为自己是上海小学的学生而骄傲;知道自己的成长需要很多人的关心和帮助,感恩对自己成长有帮助的人;感受自我管理、自我成长的快乐;回顾和展望小学阶段的学习生活,逐步形成自我发展的意识。

(4)通过小鲤鱼服务课程,知道并了解每个人都是社会人,通过"立足校园,走上社会"的服务活动,成为有责任心、敢于担当的小学生、小公民。

【活动概述】

在健全人格教育中,以独立、自主为标志的公民人格对学生未来的发展将会产生至关重要的影响,因此,把公民人格教育作为德育的组成部分非常重要。深入分析中小学公民人格教育的现状、充分挖掘有助于公民人格教育的资源是学校德育应尽的义务。

对此,学校根据"智、仁、勇"的育人目标,提出分学段的工作目标与要求,制定德育整体规划,构建"小鲤鱼德育课程"。学校从"小鲤鱼校史课程""小鲤鱼体验课程""小鲤鱼服务课程"三个活动板块入手,突出活动过程,强化活动体验,研制了《小鲤鱼活动手册》,关注过程性评价,从顶层设计学生在校5年德育路径,培养学生公民人格。

【活动内容】

**一、小鲤鱼校史课程**

1. 确定课程目标

(1)知道自己所在学校的方位、地址和联系电话,熟悉学校的环境和设施,珍惜现在的学习条件,努力成为一名"智者不惑"的"上小人";了解学校各项活动,知悉各项活动的各项规则,积极投身各项活动,努力成为"勇者不惧"的"上小人"。

(2)知道学校各幢教学大楼的得名缘由;了解身边"上

小人"的贡献、成就,向身边具有开拓创新精神的"上小人"学习;了解办校历史中的主要人物的故事,感受学校文化,热爱自己的学校。

（3）回顾和展望小学阶段的生活与学习,传承和弘扬有百年积淀的上海小学文化和精神。

**2. 架构校史课程**

校史课程设置的初衷是有效实现"小鲤鱼德育课程"的目标,达到教育学生的目的,对教学内容进行研究,并共同开发和定制一些有关学校历史或者学校基本情况的、针对教与学的素材。作为"小鲤鱼德育课程"实施的媒介,上述素材构成上海小学的校史教材。在确定编写小组成员的基础上,编写组初步确定了校史读本的框架,并进行了大致分工,通过研讨和对资料的整理汇总,初步商定模式,进一步丰富资料,编写定稿,开展读本的试用并不断修改完善。校史读本大概框架如表1-1所示。

表1-1　校史读本框架

| 年　级 | 板　块 |
|---|---|
| 一年级：<br>我们美丽的校园 | 1. 我们的学校<br>2. 我们的教学楼<br>3. 校风、校徽<br>4. 我们的校歌<br>5. 校园八大景<br>6. 我的留影<br>7. 我的新本领 |

（续表）

| 年　级 | 板　块 |
|---|---|
| 二年级：<br>快乐乡里真快乐 | 1. 从前的校歌<br>2. 创新的课程<br>3. 精彩的活动<br>4. 快乐的体验 |
| 三年级：<br>走近身边的"上小人" | 1. 英雄校友曹仁寿<br>2. 艺术家校友秦怡<br>3. 经济学家校友于光远<br>4. 星光点点<br>5. 学生十大信条<br>6. 采访身边的校友<br>7. 上海小学——我想对你说<br>8. 小小评价表 |
| 四年级：<br>百年"上小"的光荣历程 | 1. 学校的创办和发展<br>2. 故事园<br>3. 饮水思源<br>4. 一脉相承的办学理念<br>5. 收获园 |
| 五年级：<br>绿叶恋根，"上小"情怀 | 1. 共忆"上小"五年情<br>2. 校友忆母校<br>3. 上海小学——我想对你说<br>4. 毕业留念<br>5. 布置学生足迹馆<br>6. 我的毕业季 |

3. 具体实施课程

学校公民教育课程必须要重点培养公民积极参与公共事务、服务社会、具有主人翁意识并勇于承担社会责任的精神品质，而这一目标的实现，离不开大量的实践活动。因此，在课程组织上，要重视活动课程的建构，发挥活动课程的作用，使学生有机会将学到的公民知识、技能运用到实际操练中。这既注重了公民教育课程四维度课程培养目标的实现，又体现了公民教育课程实践性、综合性的特征，符合当代社会对公民的根本要求。

构建"412"课程模式（见表1-2），"4"即四课时以上的教学安排和四大教学操作环节：明确教学目标、习得学习方法、探究合作实践、体验情感升华；"1"即一套完整的系列

图1-1 《我爱上小》校史读本

课程体系；"2"即一次亲身参与的实践活动和一次体验式自我展演活动。以整合教材、整体组合、整套呈现和立体式教学体系，使师生在教与学的过程中享受课堂，从而使课堂走向重生。

表1-2 "412"课程模式

| 课程模块 | 年级 | 校史读本 | 校本课程与德育活动内容 | 活动安排 | 课时 |
|---|---|---|---|---|---|
| 小鲤鱼校史课程 | 一年级 | 我们美丽的校园 | 1.《我爱上小》一年级读本<br>2. 校园美景我来赞（体验活动） | 家长开放日 | 1<br>3 |
| | 二年级 | 快乐乡里真快乐 | 1.《我爱上小》二年级读本<br>2. 校园生活我乐享（体验活动） | 班会课 | 1<br>3 |
| | 三年级 | 走近身边"上小人" | 1.《我爱上小》三年级读本<br>2. 瞻仰闵行区烈士陵园<br>3. 校友精神来传承（体验活动） | 班会课 | 1<br>3<br>3 |
| 小鲤鱼校史课程 | 四年级 | 百年"上小"光荣历程 | 1.《我爱上小》四年级读本<br>2. 阅览《月季盛开》一书<br>3. 参观校史陈列室<br>4. 校园历史同追溯（体验活动） | 班会课 | 2<br>3<br>1<br>2 |
| | 五年级 | 绿叶恋根，"上小"情怀 | 1.《我爱上小》五年级读本<br>2. 寻找"上小"发源地（考察活动）<br>3. "上小"圆我成长梦（体验活动） | 小队活动班会课 | 2<br>3<br>4 |

11

在课程的具体实施过程中,学生通过"小鲤鱼校史课程",和校内的老师、同学一起学习学校历史、走出校园,通过参观、考察和体验活动,参与到社会生活中,真正成为社会的"小主人"。

**二、小鲤鱼体验课程**

在前期对校史教材开发和校史课程构建实施过程中,学校发现引导学生进行德育体验是培养学生形成良好道德品质的重要途径。德育系列活动的开展,让学生在活动中深入体验,在体验的历练中拥有"素养";让"上小"学子在校史的浸润与传承中真正获得其应有的品质,而这份品质可以一直延续下去。出于这一宗旨,学校启动了基于校史课程的拓展——体验课程。

1. 确定课程目标

(1)了解学校、老师和环境,认识到自己是上海小学的一名学生,为自己是上海小学的学生骄傲;感受自己在逐渐成长,了解一些自我保护的知识。

(2)知道自己的成长需要很多人的关心和帮助,感恩对自己成长有帮助的人;感受自我管理、自我成长带来的快乐。

(3)回顾和展望小学阶段的学习生活,逐步形成自我发展的意识。

2. 架构体验课程

表1-3为小鲤鱼体验课程的具体安排。

表1-3　小鲤鱼体验课程的具体安排

| 模块 | 年级 | 主题内容 | 学习、活动内容 | 活动具体安排 | 课时 |
|---|---|---|---|---|---|
| 小鲤鱼体验课程 | 一年级 | 小鲤鱼乐游校园爱学习 | 小鲤鱼乐游快乐乡（一学期系列活动） | 1. 参观学校，了解各专用教室的位置<br>2. 认识老师，拍摄班级"全家福"<br>3. 学习走路、如厕、吃饭等方面的礼仪<br>4. 了解课堂里关于举手、讲话、互动等规范<br>5. 学习列队、广播操<br>6. 展示活动 | 1<br>1<br>1<br>1<br>1<br>1 |
| | | | 小鲤鱼漫游龙腾大道 | 1. 学习外出参观时需注意的安全和礼仪<br>2. 漫步龙腾大道 | 1<br>1 |
| | 二年级 | 小鲤鱼开创梦想齐奋进 | 小鲤鱼学古知今爱上海 | 1. 学习外出参观的安全和礼仪<br>2. 参观上海博物馆 | 1<br>1 |
| | | | 小鲤鱼佩戴领巾追逐梦想 | 1. 队课学习<br>2. 入队仪式<br>3. 自戴领巾，学习队礼姿势 | 1<br>1<br>1 |
| | 三年级 | 小鲤鱼成长快乐学感恩 | 小鲤鱼成长学感恩 | 1. 语文课《家是什么》<br>2. 在自然老师指导下，制作电子蜡烛灯<br>3. 收集一张主题为《十年，最温馨的一刻》照片，与各自家长互写一封书信<br>4. 制作十岁生日展示板，每个学生写上自己的奋斗目标<br>5. 全员排练节目，为生日会献上一份祝福<br>6. 三年级集体生日会 | 1<br>1<br>1<br>1<br>1<br>2 |
| | | | 小鲤鱼学保护记安全 | 1. 学习文明礼仪，了解参观目的<br>2. 参观梅陇消防站<br>3. 交流 | 1<br>4<br>1 |

（续表）

| 模块 | 年级 | 主题内容 | 学习、活动内容 | 活动具体安排 | 课时 |
|---|---|---|---|---|---|
| 小鲤鱼体验课程 | 四年级 | 小鲤鱼铭记规则勇挑战 | 小鲤鱼爱挑战学合作（亲子定向越野活动） | 1. 自然课上对学生进行定向运动详细解读<br>2. 了解此次活动的规则、场地设置、注意事项<br>3. 定向越野比赛<br>4. 体会交流 | 1<br>1<br>4<br>1 |
|  |  |  | 小鲤鱼守规则懂保护 | 1. 参观公安博物馆<br>2. 了解公安历史<br>3. 提升法律保护意识 | 2<br>1<br>1 |
|  | 五年级 | 小鲤鱼情系母校展未来 | 小鲤鱼忆往昔想未来 | 1. 观看一部纪录片——《美丽人生——秦怡》<br>2. 阅读一篇小故事——人物传记《秦怡传》<br>3. 拍摄一部DV《参观记》<br>4. 拍摄一张纪念照<br>5. 撰写一篇文章——"今日我以'上小'为荣，明日'上小'以我为傲" | 1<br>1<br>3<br>2<br>2 |
|  |  |  | 小鲤鱼感谢有你感恩启航 | 1. 制作一份留给母校的纪念品<br>2. 全员排练节目，展示毕业生的风貌<br>3. 毕业典礼 | 1<br>1<br>2 |

　　通过班级和学校两个层面和途径开展"小鲤鱼体验课程"，让学生浸润于校史文化；将学校各年级相关的活动如一年级的入学仪式、三年级的"十岁生日"庆典、四年级的爱心义卖活动和五年级的毕业庆典活动整合，通过固化这

图1-2 "小鲤鱼情系母校展未来"五年级毕业典礼

图1-3 "小鲤鱼成长快乐学感恩"三年级集体过十岁生日

类大型体验课程类的德育活动,让学生体味学校成长的快乐,学习感恩父母的包容,不断温润内心世界。

三、小鲤鱼服务课程

在体验课程的开发与实施中,大家已经得以亲近校史,而学生的内心也开始变得温润。德育的真正成功在于能"内化于心,外见与行"。德育有其社会性和现实性,要充分考虑将德育内容与学校的、地域的乃至社会的具体背景相联系,充实与社会发展相适应的德育内容。上海小学把传承下来的那份品质外见于行,让学生走出学校,到社会生活实践中去体验、去承担、去服务,让孩子成为真正有"素养"的"上小人"。

图1-4　二年级同学在清洁校园围栏

1. 确定课程目标

（1）低年段（一、二年级）：在校园内参加服务活动，体验助人的快乐，感受作为学校小主人的自豪感。

（2）中高年段（三至五年级）：走出校园，走入社会，体验勤劳、辛苦、责任，收获服务社会、实现价值的真实感受，培养合作及服务实践能力，增强社会责任感。

2. 架构服务课程

小鲤鱼服务课程如表1-4所示。

表1-4 小鲤鱼服务课程表

| 模块 | 年级 | 主题内容 | 学习、活动内容 | 活动具体安排 | 课时 |
|------|------|----------|----------------|--------------|------|
| 小鲤鱼服务课程 | 一年级 | 我有一双小巧手 | 校园美景我打理（整理图书馆） | 1. 整理摆放图书馆书籍<br>2. 清洁图书馆环境 | 3 |
| | 二年级 | 我是校园美容师 | 校园美景我装扮（清洁校园围栏） | 1. 大手牵小手，我是小小辅导员<br>2. 清洁校园围栏 | 3<br>3 |
| | 三年级 | 我是小小志愿者 | 社区活动我参与（服务社区） | 1. 学习理解社区和谐需要每个公民的共同努力<br>2. 我是社区小公民——社区志愿者活动 | 3<br>4 |
| | 四年级 | 弟弟妹妹我爱你 | 哥哥姐姐来帮忙（幼儿园服务） | 1. 了解幼儿的年龄特点，感受幼儿老师的辛苦付出，以小组形式设计活动流程<br>2. 我是你的小哥哥（小姐姐）——幼儿园服务 | 4<br>4 |

（续表）

| 模块 | 年级 | 主题内容 | 学习、活动内容 | 活动具体安排 | 课时 |
|---|---|---|---|---|---|
| | 五年级 | 爷爷奶奶我爱您 | 爷爷奶奶我孝敬（敬老院服务） | 1. 尊老教育，以小组形式设计活动流程<br>2. 爷爷奶奶我爱您——敬老院服务活动 | 4<br><br>4 |

"小鲤鱼服务课程"是经验学习的一种，是把课堂知识系统整理后将其应用于社会服务中的尝试，同时也让学生在社会服务过程中进行反思。"小鲤鱼服务课程"不同于一般的志愿者服务计划，它不是参观活动，更不是简单的课外活动，而是引导学生结合课程中学到的知识和课堂外的社会经验，反思各种社会现象的举措。学校希望借此提高学生的批判性思维能力，培养他们的社会公德及公民责任。小鲤鱼服务课程主要依托快乐活动日作为实施平台，于每周二下午由年级组安排各班前往相应服务地点开展相关服务，学生在服务的过程中不仅能掌握基本的劳动技能，还能学会与不同年龄段的人交际和交流，增强其公民责任感和公民意识。

**四、"小鲤鱼德育课程"开展效果**

1. 提升学生公民意识

公民人格教育关注人的发展，既注重个人的价值也注重人的和谐发展，旨在使每个人能够形成独立的行动能力，具备批判的思想意识，养成理性判断的能力。学

图1-5　四年级学生服务幼儿园

图1-6　三年级学生开展社区服务送报纸

生通过参加"小鲤鱼德育课程",掌握了基本的公民知识,并能够将这些知识灵活地应用于现实生活中,解决各种实际问题,形成了基本健全的社会公德意识,学会了与人合作、共处,与其他社会成员共同生存发展。少年儿童是祖国的未来,是中华民族的希望,通过参加小鲤鱼德育课程,学生也践行了社会主义核心价值观,这为他们将来成为一名现代社会的合格公民打下了坚实的基础。

2. 转变方式发展学生能力

相较于形式固定的课堂学习,学生更向往走出课堂、走进社会,更愿意接受形式新颖、生动有趣的学习方式。"小鲤鱼德育课程"中的体验活动、服务实践等搭建起的"行走"课堂满足了学生的偏好,让学生通过认识、体验、发现、探究、操作等多种学习和活动方式获得丰富的实践经验和学习经历。

活动中,学生通过亲身实践去联系实际、发现问题、解开疑问,从而获得知识。实践体验活动强调发展学生能力,发展学生对知识的综合运用和创新能力,发展学生对自然的关爱和对社会、对自我的责任感,形成对自然、社会、自我之间内在联系的整体认识,形成从自己的周边生活中主动发现问题并独立解决问题的态度和能力,进而养成享受合作、乐于分享、积极进取等良好的个性品质,真正地让素质教育升华为素养形成。

图1-7　五年级学生在养老院陪伴老人

图1-8　一年级学生整理图书馆

3. 综合评价，促进学生发展

建立促进学生全面发展的评价体系。评价时，要关注学生在学校文化中潜移默化的改变，让学生通过"行走"课堂的社会体验学会学习、承担责任并健康生活。"小鲤鱼德育课程"对学生的评价内容以社会实践为主，分别设定一年级到五年级的活动记录卡，让学生把自己的活动足迹记录下来。对于学生的评价采用学生自评、学生互评、教师评价和家长评价的方法，给予每位学生综合评价，让学生在一次次系列活动中形成自己的情感态度、价值取向和行为方式。对学生的科学评价为校本课程的科学发展和合理运用起到积极的推动作用，保障了校本课程的鲜活生命力。科学合理地评价学生能提高学生对社会事件的判断能力和参与程度，有利于道德内化，有利于学生人生观、世界观的形成，有利于学生发展个性特长，也有利于培养学生的创新精神。

4. 注重实效，促进德育发展

社会实践活动是学校开展德育教育的重要途径之一。学校曾经组织过形式多样的学生社会实践活动，如敬老爱老活动、学雷锋活动、爱绿护绿志愿活动、社会调查活动等。这些社会实践活动多半零星，没有联系，更不成系列，仅仅停留在活动的操作上，停留在形式上，实效性不强，也因此丧失了德育的价值。爱国家要从爱家乡做起，爱家乡要从爱自己的学校做起，聚焦百年老校的历史底蕴，通过体现学校文化精神的"小鲤鱼德育课程"系列化的实施,让更多的"上小"学子真正了解、热爱自己的学校,有了这样的情感基础,爱家乡、爱祖国才不会停留于形式和表面。"小鲤鱼德育课程"注重提高学生社会实践类德育活动的实效性,整个项目有计划、有目标、有落实、有评价、有反馈,让学生在项目中亲身体验、感知、探究,了解"上小"文化和现实生活,激发了学生对学校的热爱之情。

【活动评价】

从校史教材的编制,到对体验课程与服务课程的活动方式的探索与实践,学校竭力寻找让学生喜闻乐见、感同身受的德育活动实践基地,"让德育像呼吸一样自然,让德育与学生心灵无缝对接,让德育富有魅力和效力"。为了学生的后续发展,为了学生的素养提高,学校在评价上使用了以下两种工具:

1."小鲤"德育课程活动手册

学生每次参加三类课程实践活动后都填写体验卡,将活动前对材料的搜集与阅读、在活动中的观察和参与及活动后的感受都一一记录。

教师通过学生活动过程记录卡、活动情况反馈表等,对学生在活动中的表现及时进行评价。一份份活动反馈卡,既是对"上小"学子一次次活动的记录,也是孩子们的"成长足迹卡"。

图1-9 "小鲤"德育课程活动手册

2. 微信互动平台

学校对年级组的每一次大型活动,从活动的签到、现场报道、活动过程的记录到活动后的感想体会,都一一做资料的记录与汇总。参会的统计、照片的摄制、活动体会的交流,这些对于活动的记录和汇总沉淀为成果,也为全年级的家长、老师、学生互动共享搭建了平台,增强了学校的向心力和凝聚力。

著名教育家陶行知曾提出:"今日的学生,就是将来的公民,将来所需要的公民,即今日所应当养成的学生。"公民人格教育成为中小学必须承担的重要使命。上海小学以

图1-10　微信平台上的部分互动

"小鲤鱼"为线索的系列课程是一次生动的尝试,也为更多学校相关的德育推行,特别是贯穿五年的系统性德育提供了模板。

### (二)龙南小学案例

徐汇区龙南小学创办于1922年,至2023年已有101年的历史。学校始终坚持"存志气、具勇气、树正气、求大气"的校训,把学生培养成为"心地善、身体健、意志坚、学有长,能适应社会发展的小公民"。

二十几年来,学校与"解放军船运部队""国防大学上海校区"等单位共建,坚持"请进来""走出去"的教育形式,开展军训月队列训练,聆听部队官兵讲英雄的故事、宣讲国防知识等;与共建单位合作编写了《少年军校我自豪》《军校礼仪我做到》《国防知识我知道》《军人榜样我来学》《军校特色我传承》的专题教育讲义,定期开展国防知识教育与训练,让学生在系列教育活动中进一步规范行为。学校在挖掘"少年军校"丰富内涵的同时,不断思考让这一传统特色有效地辐射到学校的各项工作中去,在课程建设、校本教材开发、主题活动设计、文化建设等方面做了大量的工作。学生在学习军人风范、了解国防知识、继承人民军队光荣传统的过程中,提升意志品质、开拓知识视野、养成行为习惯。

【活动主题】 队风队纪我能行,自主自动见行动

【活动时长】 一个月

【活动目标】

(1)见学军营内务,学习叠被本领,感受军队生活的优良作风。

(2)了解中国人民解放军简史及不同时代的英雄人物事迹,激发对军人的崇敬之情。

(3)观赏新兵队列训练,参与基本的队列动作学习,感受严格的军纪,逐步养成自觉遵守纪律的文明行为。

(4)通过队风队纪展示活动,大力发扬少先队自动化精神,自己的活动自己搞,自己的事情自己做,自己的同学自己帮,自己的进步自己争,增强自主能力,展现活泼团

结、奋发向上的风采。

【活动概述】

　　为贯彻落实《中共中央　国务院关于进一步加强和改进未成年人思想道德建设的若干意见》,对少先队员进行爱国主义教育、国防教育、思想道德教育、理想信念教育和社会主义核心价值观教育。龙南小学通过少年军校这一集思想性、知识性、教育性、趣味性为一体的教育形式,加强学生的思想道德教育,提升学生的综合素质,引导他们从小立志成才,报效祖国,为构建社会主义和谐社会做出更大贡献。

　　"解放军船运部队""国防大学上海校区"是龙南小学少年军校活动的共建单位,在两个机构的荣誉室里,一面面锦旗、一座座奖杯、一张张奖状都记录下了军官们牢记使命、恪尽职守、不畏艰险、奉献自我的感人故事和英勇事迹。走进军营向解放军叔叔学习,对于少年儿童形成正确的行为规范、锻炼坚强的意志品质、训练良好的纪律作风,都起了积极的推动作用。

　　由此,学校设计了"队风队纪我能行,自主自动见行动"为主题的教育活动,旨在通过军人榜样引领,带动少先队员了解队史、熟知队章,增强队组织意识,规范队纪律,从而培养少先队员热爱集体、遵守纪律、服从命令、行动敏捷等优良的品德和作风。

【活动内容】

1. 阅兵精神我寻找

阅兵,就是阅精神。检阅的是官兵身上听党指挥、绝对忠诚的政治品格,捍卫祖国、能打胜仗的责任担当,崇尚荣誉、不辱使命的价值追求,争创一流、敢于胜利的进取意识,不畏艰苦、顽强拼搏的优良作风。

(1)以小队为单位,合作查找1～2个阅兵小故事,并在红领巾广播中向全校同学广播汇报。

(2)结合体育、体锻课,学习基本队列动作。

(3)利用午会课学习简单的救护包扎技能(头部、眼睛、手臂、手、腿部)。

图1-11　走进部队学习军拳操

**图1-12　部队人员来校军训**

2. 军营内务我来学

结合现在的学生大多是独生子女,普遍存在娇气、怕苦、自我约束能力差、做事效率不高等状况,开展带领学生走进军营的活动。部队不仅能让学生磨炼意志,还能让他们了解部队管理的严格,亲身感受军人们生活的简朴、训练的热情、思想的坚定、作风的顽强、内务整理的熟练与规范,由此增强学生自立、自信、自强的生活意识。

(1)看:军人荣誉室、学习室、营房、洗漱间、警卫站岗换班。

(2)看:新兵着装整理。

(3)学:叠被、洗漱用品的摆放。

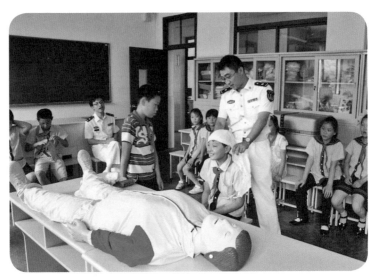

图1-13　海军部队进行安全包扎教学

图1-14　走进部队学习军营内务

3. 红色传统励我志

聆听红色故事，不断开阔视野，开启心智，知晓红色经典里父辈们的奋斗史，从而领悟今天的幸福生活来之不易。将传统故事讲出新意蕴，教育引导学生学党史、知党情、感党恩、听党话、跟党走。在红色传统引领下，学生也能激起奋发向上的斗志，自我充实，自我完善，自我超越。

（1）听：中国人民解放军简史、八一建军节的来历（战士讲解）。

（2）看：解放军救灾资料片（抗洪、抗震等。此项内容可以根据需要替换，如革命英雄人物资料片等）。

（3）玩：游戏《紧急救援》。通过游戏，让学生体验军人在救灾中不怕艰难，克服重重障碍，营救受伤群众的勇敢精神。

（4）感：军人精神。明确前进方向，并写一写体会。

4. 观赏军训练步伐

走齐步，方能明方向。在训练过程中，齐步走是最基础、最平凡的，但却并非一朝一夕就能练成。

迈正步，方能行正道。在军人的"三大步伐"中，正步最难但却最具观赏价值，抬脚时间不能多一秒，抬脚高度不能多一毫。

勤跑步，方能一往无前。步伐更大、速度更快，代表着只争朝夕的紧迫和永不停息的坚持。作为新时代的少先队员，就要怀揣永不停息的精神一往无前，直达目标。

图1-15　学校少年军校活动中,学生进行军事小游戏体验活动

图1-16　学校少年军校活动中,学生进行搏击示范

（1）赏：新兵队列训练、格斗操训练、障碍跨越表演等。

（2）练：队列训练。

5.队风队纪我能行，自主自动见行动

队风队纪训练是为了规范少先队的队列队形，让学生学会规范动作，培养良好的姿态、严整的队容；是为了培养学生组织纪律性，提升组织荣誉感，养成个人服从组织的良好行为习惯；是为了使学生认识到少先队也是一支有组织、有纪律、有光荣革命传统的队伍，从而增强荣誉感和责任感。总之，队风队纪训练，是增强队员组织意识必要的体验教育途径。

图1-17　学校少年军校活动中，学生展示少先队队礼

（1）队风队纪展示。

（2）"传承红色基因，共庆八一建军节"。八一军徽光芒绽放，恢宏军歌慷慨嘹亮，橄榄迷彩英姿飒爽，队列军姿斗志昂扬。八一建军节是中国人民解放军建军纪念日，请学生动手给解放军叔叔写一封慰问信表达对他们的敬意，同时也向他们说说自己走进军营后的点滴收获。

【活动评价】

活动评价应关注学生知识和技能的获得情况，关注学生活动过程，强调参与互动、自评与他评相结合，及时了解学生在发展中遇到的问题、所做出的努力以及获得的进步；注重学生在活动过程中的情感体验和价值观的形成；帮助学生认识自我、建立自信，促进学生在原有的水平上发展。表1-5和表1-6为活动评价中所需用到的活动作业单与活动评价表。表1-7为活动内容与实施安排一览表。

表1-5 活动作业单

| | 项 目 | 完 成 情 况 |
|---|---|---|
| 1 | 请你展示一项包扎技术 | |
| 2 | 请你讲讲参观武警营房后的体会 | |
| 3 | 你知道八一建军节的来历吗？ | |
| 4 | 以小队为单位，进行简单队列动作展示 | |

注：1-3项中可任选2项完成，4为必选项。

表1-6　活动评价

| 评价内容 | 自评 | 小组评 | 教师评 | 家长评 |
|---|---|---|---|---|
| 你参与活动的积极性 | | | | |
| 你收集资料的表现 | | | | |
| 小组合作精神 | | | | |
| 当在活动开展中遇到困难时,你是如何克服的? | | | | |

表1-7　活动内容与实施安排一览表

| | 主题 | 内容 | 实施对象 | 课程形式 | 实施时间 | 实施地点 | 评价形式 |
|---|---|---|---|---|---|---|---|
| 1 | 阅兵精神我寻找 | 学习简单的救护包扎 | 四、五年级 | 班级活动 | 每周四、五午会课 | 教室 | 自评 小组评 教师评 家长评 |
| | | 寻找阅兵背后的小故事 | | 收集资料信息 | 课后 | 校内外 | |
| | | 阅兵精神宣讲团 | | 小队活动 | 每周三 | 教室 | |
| | | 队列训练(解放军来校训练) | | 小队活动 | 每周2节体活课 | 学校操场 | |
| 2 | 军营内务我来学 | 参观军营 | | 年级组活动 | 1课时 | 部队营房 | |
| | | 学习体验 | | 小队活动 | 2课时 | 部队营房 | |

| | 主题 | 内　容 | 实施对象 | 课程形式 | 实施时间 | 实施地点 | 评价形式 |
|---|---|---|---|---|---|---|---|
| 3 | 红色传统励我志 | 听解放军简史和八一建军节的来历 | 四、五年级 | 年级组活动 | 1课时 | 部队礼堂 | 自评　小组评　教师评　家长评 |
| | | 看解放军救灾资料片 | | 年级组活动 | 1课时 | 部队礼堂 | |
| | | 玩"紧急救援"小游戏 | | 年级组活动 | 2课时 | 部队操场 | |
| | | 感悟活动写体会 | | 周记 | 课后 | 校内外 | |
| 4 | 观赏军训练步伐 | 赏新兵队列训练、格斗操训练、障碍跨越表演等 | | 年级组活动 | 1课时 | 部队营地 | |
| | | 队列训练 | | 年级组活动 | 2课时 | 部队操场 | |
| 5 | 队风队纪我能行，自主自动见行动 | 队风队纪展示 | | 年级组活动 | 2课时 | 学　校 | |
| | | 八一节慰问活动 | | 年级组活动 | 2课时 | 部队营房 | |

# 政治认同教育

第二章

# 第二章
# 政治认同教育

## 一、政治认同教育内涵

所谓政治认同,是人们对所属国家、所属政治生活产生的一种感情和意识上的归属感。

政治认同是全面深化改革、推进国家治理现代化的根与魂。只有根正才能保证中国特色社会主义不变色、改革沿着正确的政治方向前行;只有魂强,才能凝心聚力、久久为功,不断推进国家治理和现代化。

政治认同是教育改革和时代的需要,也是少年儿童健康成长的需要。少年儿童作为中国特色社会主义事业的接班人,其政治素养与国家和民族的未来紧密相连,决定了其未来发展的方向。《普通高中思想政治课程标准(2017年版)》指出:青少年的政治认同是他们创造幸福生活的精神支柱、价值追求和道德准则;发展政治认同素养,才能牢固树立中国特色社会主义理想信念,成为社会主义合格建

设者和可靠接班人。

"人民有信仰,国家有力量,民族有希望。"每一个中国人对中国特色社会主义强大和稳定的认同,是中国共产党重要的执政之基、力量之源,也是治理现代化的灵魂。

一段时间以来,社会多元价值激烈碰撞,社会共识的价值底线受到挑战,少年儿童的价值观也受到了不良的影响。因此,教育系统作为意识形态工作的重要阵地,要探究政治认同的教育策略,培育有信仰的中国公民,承担起立德树人的责任。

## 二、政治认同教育案例

### (一)逸夫小学案例

徐汇区逸夫小学创建于1996年9月,2007年4月由公立转制小学转为民办小学。学校现有30个教学班,拥有一支师德高尚、热爱学生、专业水平高、业务能力强、团结进取、乐于奉献的教师队伍。学校以"为培养高素质、创造性人才奠定基础"为办学目标;以"尚德、益智、添能、立人"为校训;以学生发展为本,重视学生创造力的开发、良好习惯的培养,提高学生的核心素养。学校始终把德育工作放在重要地位,营造和谐发展的育人环境,在"开发潜能、张扬个性,让每一位师生在快乐中得到和谐、可持续发展"的办学理念引领下,用温馨愉悦的环境文化影响学生,用低调务实的行为文化教育学生,努力培养学生"热爱祖国""善待他人""尊老爱幼""诚信守纪""文明守法"的行为和美德,使之成为有爱心、孝心、责任心和感恩之心的小公民。

【活动主题】 红领巾心向党——闯关摘星当先锋
【活动时长】 一学期
【活动目标】

基于"少先队活动教育是社会主义核心价值观的启蒙教育,是全面发展的教育,是自主自动的教育,是集体的教育,是快乐的教育,是实践的教育,是创造的教育,是社会的教育"的特点,遵循儿童身心发展规律,以"红领巾心向党"为主题,通过"闯关摘星当先锋"的形式,力争达到以下目标:

(1)知识目标:了解少先队队史,认识少先队标志,学习少先队章程。

(2)能力目标:掌握少先队礼仪,会唱少先队队歌。

(3)情感目标:感受党对少年儿童的关爱与期望,认同"没有共产党就没有新中国",明确少先队员的职责,激发争做新时代好少年的信念。

【活动概述】

　　从中华人民共和国成立之初至今,党和国家始终关心少年儿童的健康成长,高度重视少先队事业的发展。少先队是少年儿童学习中国特色社会主义和共产主义的学校,其目的是团结教育少年儿童,听党的话,爱祖国、爱人民、爱劳动、爱科学、爱护公共财物,努力学习,锻炼身体,参与实践,培养能力,立志为建设中国特色社会主义现代化强国贡献力量,努力成长为社会主义现代化建设需要的合格人才,做共产主义事业的接班人。加入中国少年先锋队,是孩子人生中的重要一步,学校在学生加入先锋队的契机下,通过"闯关摘星当先锋"系列活动,在一学期内利用班队会课、午会课、社会考察、宣传栏等教育活动主阵地让学生在听一听、说一说、唱一唱、练一练、画一画、写一写等小型多样的实践活动中了解少先队的发展历程,感受祖国对少年儿童的关爱与期望,激发学生的责任感,使他们在潜移默化中认同伟大的党,认同伟大的社会主义制度,树立为实现中国梦而努力奋斗的理想。

【活动内容】

　　"闯关摘星当先锋"活动共设六个关卡,具体如下:

　　1.关卡一:少先队历史我了解

　　闯关通道:红色时光机之旅

　　闯关时间:3月

闯关规则：

（1）聆听讲座。

（2）制作中国少年先锋队历史时间链。

（3）布置"红色时光机之旅"宣传栏。

具体说明：邀请学校优秀党员教师开设讲座，从自己的成长经历谈起，讲述少先队的队史，让学生感受先进人物在党的教育下茁壮成长的历程。请学生制作中国少年先锋队历史时间链，让学生在动手做的实践中更形象地记住少先队的历史与发展。在教室宣传栏里张贴学生的作品，分享劳动与智慧的成果，营造浓厚的教育氛围。

2.关卡二：英雄事迹我来讲

闯关通道："闪闪红星"故事会

闯关时间：4月

闯关规则：

（1）参加清明祭扫英烈活动。

（2）讲一个革命小英雄故事。

具体说明："慎终追远、缅怀先烈"，清明节是教育的好时机。通过网上或实地祭扫英烈、讲述小英雄的故事等活动，引导学生铭记革命先烈的光荣事迹，学习民族精神和时代精神，树立热爱祖国、热爱人民、热爱中华民族的人生信念，增强学生的爱国心、责任感，激发学生奋发向上、努力学习的决心。

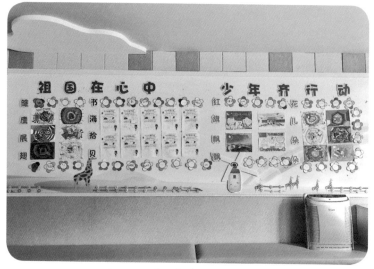

图2-1　爱国主义教育活动板报

图2-2　清明祭英烈

3. 关卡三:少先队队歌我来唱

闯关通道:"班班有歌声"赛歌会

闯关时间:5月

闯关规则:

(1)观看电影《英雄小八路》(其主题曲为《中国少年先锋队队歌》)。

(2)以班级为单位,展示唱队歌的风采。

具体说明:通过观看影片了解队歌的由来,让学生学习英雄、牢记责任、传承遗志。旋律高昂、充满革命激情的少先队队歌能激起学生的雄心壮志。利用班队会课、午会课,由音乐教师组织学生学唱《中国少年先锋队队歌》,中队辅导员与学生一起设计展示形式,在集体活动中体现每一个人的力量。

4. 关卡四:少先队标志我会戴

闯关通道:红领巾胸前飘

闯关时间:5月

闯关规则:

(1)"大手牵小手",二年级和五年级结对子,由五年级队员教授正确佩戴红领巾。

(2)举行佩戴红领巾比赛,请五年级队员做评委。

具体说明:少先队活动教育是自主自动的教育,是集体教育。少先队教育的一个特殊作用就是"少年儿童在自己的组织里自己管理自己,自己教育自己"。在集体中进行

教育,是少先队教育的一大优势。学校利用午会课时间,组织二、五年级开展"大手牵小手"的佩戴红领巾活动,以此激发老队员的主人翁意识,体现示范的作用,让新队员感到榜样就在身边。这一类似"传帮带"的活动也体现了责任的传承性。

5. 关卡五:少先队礼节我能做

闯关通道:"美好瞬间　责任在肩"照片展

闯关时间:6月

闯关规则:

(1)戴上红领巾,向感恩的对象敬礼道谢。

(2)留下敬队礼的美好瞬间照片,布置宣传栏。

具体说明:少年儿童的成长离不开家庭、学校、社会的关爱。成为少先队员是人生中的一件大事,在这具有重要意义的时刻,用少先队员特有的方式——"敬礼",向身边的人表达自己的感激之情会让人更难忘。这一形式既是一次感恩教育,也可以让学生通过照片留下的美好瞬间自我检查敬礼姿势,自我纠正,起到自我教育的效果。

6. 关卡六:少先队仪式我参与

闯关通道:"争做新时代好少年"入队仪式

闯关时间:6月

闯关规则:

(1)少先队知识大PK。

(2)参与入队仪式。

图2-3　二年级学生入队仪式

图2-4　庄严宣誓表决心

图2-5　接过队旗担起责任

（3）庄重地提出申请并宣读誓言。

具体说明：学习少先队章程，用团体PK的形式相互检验对少先队知识的掌握程度。催人奋进的鼓号、迎风招展的队旗、嘹亮振奋的队歌、坚定有力的呼号等，都会使学生感到无比的骄傲和光荣。通过仪式训练，来增强学生的组织观念，帮助学生认识"个人服从组织"的道理，养成习惯，树立起共产主义接班人的信念。

【活动评价】

1.过程性评价

过程性评价的评价量表如图2-6所示。

图2-6　评价量表

## 2. 终结性评价

以过程性评价中获得的闯关总星数为评价标准，不少于30颗星即可获得大队部颁发的祝贺信，具体模板如图2-7所示。活动内容与实施安排如表2-1所示。

祝　贺　信

_____同学：

你在"红领巾心向党——闯关摘星当先锋"活动中积极努力，摘到了____小星星，体现了一个爱国爱党、奋发向上的新时代好少年的良好风貌。祝贺你闯关成功，成为了一名光荣的中国少年先队员！

中国少年先锋队

上海市徐汇区逸夫小学大队部

____年___月___日

图2-7　祝贺信模板

表2-1　活动内容与实施安排一览表

| 活动主题 | 活动内容 | 活动对象 | 活动时间 | 活动地点 | 评价形式 |
|---|---|---|---|---|---|
| 第一关<br>少先队历史<br>我了解 | 1. 参加队史讲座<br>2. 制作队史时间链<br>3. 布置"红色时光机之旅"宣传栏 | 二年级 | 3月 | 教室 | 详见《评价量表》与《祝贺信》 |
| 第二关<br>英雄事迹<br>我来讲 | 1 清明祭扫英烈<br>2. 参加"闪闪红星"故事会 | 二年级 | 4月 | 教室；龙华烈士陵园 | |
| 第三关<br>少先队队歌<br>我来唱 | 1. 观看《英雄小八路》电影<br>2. 参加"班班有歌声"赛歌会 | 二年级 | 5月 | 大操场 | |
| 第四关<br>少先队标志<br>我会戴 | 1. 学习佩戴红领巾<br>2. 参加佩戴红领巾比赛 | 二、五年级 | 5月 | 随机 | |
| 第五关<br>少先队礼节<br>我能做 | 1. 参加"敬礼表谢意"活动<br>2. 布置"美好瞬间责任在肩"照片展 | 二年级 | 6月 | 校外 | |
| 第六关<br>少先队仪式<br>我参与 | 1. 参加"队知识大PK"活动<br>2. 填写《入队申请书》<br>3. 宣读《入队誓言》<br>4. 参加"争做新时代好少年"入队仪式 | 全校学生 | 6月 | 演播室 | |

### （二）盛大花园小学案例

上海市民办盛大花园小学创建于2001年9月，是一所寄宿与走读并存的民办小学。学校总占地面积21亩（14 000余平方米），总建筑面积为13 000平方米。

学校开办至今始终坚持贯彻党的教育方针，不忘初心，牢记使命，围绕"立德树人"的根本任务，在办学目标"中西思想合璧的高品质的中国学校"的引领下，坚持"终身学习、终身健康"的办学思想，为学生创设丰富多元的学习体验平台，创设互动健康的信息交流平台，凸现"我们在阳光下快乐成长"的办学主题；以"科学管理，凸现内涵，发展特色，追求卓越"，坚持五育并举，促进学生全面发展。

【活动主题】 走遍中国　爱我中华——努力践行社会主义
　　　　　　核心价值观

【活动时长】 一学期

【活动目标】

（1）知识目标：各年级围绕学校"走遍中国"的主题，带领学生"走"进上海市、浙江省、江苏省、山东省和江西省，了解当地悠久历史、名人名胜、风土人情等，培养爱祖国、爱家乡的情感，进一步激发民族自豪感，培育社会主义核心价值观。

（2）能力目标：通过听一听、看一看、走一走、想一想、唱一唱等形式,为学生创设丰富多元的学习体验平台,引导学生在活动中了解中国共产党,激发爱国主义情感,从而进一步产生政治认同感,培育和践行社会主义核心价值观。

(3)行为目标:通过学科整合,开展形式多样的学习、体验活动,让学生在活动参与的过程中读美文、吟诗词、唱民歌、习得知识、培养品质、锻炼技能,传承中华经典文化。

【活动概述】

学校以习近平新时代中国特色社会主义思想为指引,紧紧围绕中华人民共和国成立70周年,聚焦党的十八大以来党和国家发生的历史性变革,立足"立德树人"的根本任务,认真落实《上海市各学科贯彻民族精神教育和生命教育学习指导意见》,结合各学科活动开展"走遍中国"综合主题实践活动。

活动将通过各学科间的整合,将德育、地理、历史、文学等内容自然融入学科教学之中,利用学校资源、家长资源和社区资源为学生创设丰富多元的学习体验平台。在丰富多彩的各类活动中,引导学生初步了解祖国各地的历史人文、名胜景点、风土人情等,培养学生爱祖国、爱家乡的感情,进一步激发民族自豪感,大力培育社会主义核心价值观。

学校将以活动为载体,通过听一听、看一看、走一走、想一想、唱一唱等形式，引导学生进一步了解中国共产党，进一步激发爱国主义情感，努力践行社会主义核心价值观。

【活动内容】

**模块一：聆听讲座**

每周五下午是学校的快乐活动日，学校以大课的形式开设科普、文学、艺术、历史、地理、传统文化、国际视野、安全等专题讲座。十月份是爱国主义教育月，学校将根据主题，开设专题讲座，进一步激发学生的爱国主义情感。

讲座一：祖国富强篇——"我爱你，中国"

此次讲座，将通过一段珍贵的影像资料引入，带领学生

图2-8 "我爱你，中国"讲座现场

穿越时空，回到1949年10月1日那激动人心的时刻，了解"开国大典"的盛况。

1978年12月，中国共产党十一届三中全会召开以后，中国开始实行对内改革对外开放的政策。简称为"改革开放"。从1978年到2018年，学校也进行了40年的改革开放，这40年的巨变并不空洞，就在我们身边。讲座将从通信手段、支付方式、教育环境等方面向学生介绍我国各个领域日新月异的变化，让学生充分感受改革开放发展的成果，并以此为傲！

讲座二：公正民主篇——"小当家，我做主"

为了更好地培养学生的主人翁精神，充分发挥他们在集体中的作用，学校开设了"小当家，我做主"的讲座活动。该讲座，主要是以教师和学生共同参与的情景剧形式，通过一个个发生在身边的小故事，引导学生学会思考，明辨是非，并能合作制定可行性方案。

讲座三：文明传承篇——"学好文言文，习得中华文化"

古诗文教学是我国传统文化教育中一项非常重要的内容，学校以诗文为主题，让诗文浸润校园，传承中华经典。讲座中，老师将带领学生读懂名家名句，领悟其中为人为学的道理。同时，讲座中将注重学科整合，将古诗文配上旋律吟唱起来，感受其音律的美。古诗文讲座，能让孩子们走近诗人，了解更多的时代背景，也让孩子们接触更多的古诗文，激发他们对中华经典文化的热爱之情。

图2-9 "古诗文吟诵"活动

## 模块二:"走遍中国"主题活动

### (一)第一阶段——启动仪式

主题:"走遍中国 盛大启航"

时间:3月

内容:各年级以丰富的形式展现本学期将要"行走"省市的文化特色。

各年级"行走"的省市和主题如表2-2所示。

表2-2 各年级行走的省市和主题

| 年 级 | 省 市 | 主 题 |
|---|---|---|
| 一年级 | 上海 | 海纳百川 摩登上海 |
| 二年级 | 浙江 | 诗画江南 文化浙江 |
| 三年级 | 江苏 | 烟花三月下扬州 寻古访今收获多 |
| 四年级 | 山东 | 探寻儒家文化 感受现代山东 |
| 五年级 | 江西 | 魅力江西 红色之旅 |

（二）第二阶段——活动开展

时间：4月—5月底

内容：

表2-3 "走遍中国"实践

| 年级 | 活 动 内 容 | 呈 现 方 式 |
|------|------------|------------|
| 一年级 | 1. 从上海的地标建筑、传统美食、名人故居、上海方言等方面了解海派文化。通过介绍上海景点、画画上海美食、唱唱上海话童谣、玩玩弄堂游戏等形式引导学生进一步了解家乡上海，从而激发热爱家乡的情感<br>2. 结合教材"上、下、左、右"方位的学习，认识上海市各区名称和方位<br>3. 结合牛津课本中"四季"的主题，能用英语简单地介绍上海春天的特点以及所见所做的事情，提高学生口语表达能力，增进学生对上海的热爱之情 | 1. 主 题 周 "散演"活动<br>2. 上海地图拼图<br>3. 儿歌表演<br>4. 完成学习单 |
| 二年级 | 1. 从浙江美食、戏曲方言、景点介绍、名人故居、古诗美文等方面全面了解浙江文化。通过尝美食、学方言、唱越剧、做导游、读美文、赏古诗、绘地图等活动走进浙江，了解浙江，感受"山水江南美如画，淡妆浓抹总相宜"。从而激发学生热爱祖国山河，了解中国文化的情感<br>2. 结合教材"大数的读写"的学习，应用大数读写法则，了解浙江省的大约人数并能读出这些数<br>3. 查阅浙江各个城市的市花，了解其形状、香味、色彩、花期等。以小组为单位，合作用超轻黏土制作各个城市市花模型，并制作中英文介绍牌 | 1. 主 题 周 "散演"活动<br>2. 手绘浙江地图<br>3. 制作市花，学写中英文介绍牌<br>4. 小组合作完成小报、书签 |

（续表）

| 年级 | 活 动 内 容 | 呈 现 方 式 |
|---|---|---|
| 三年级 | 1. 围绕"烟花三月游江南，寻古访今收获多"为主题，从南京出发游览扬州、镇江、无锡、苏州等五个城市，分别从历史、景点、美食和名人等方面了解江苏的古今文化。通过诵读经典名著、品尝特色美食、观看宣传视频、交流名人传记、演绎历史故事，吟唱当地戏曲等形式从而增长见识，提升核心素养，激发热爱祖国的情感<br>2. 结合教材"条形统计图"的学习，通过数据来了解江苏省人文地理的知识和相关物产资源<br>3. 查阅资料，了解特定城市旅游路线，用英语简单介绍1~2个著名景点，制定出行攻略。以班级为单位，从不同方面对特定城市进行主题探索，如美食、建筑、文化等，并读懂相关的英语介绍 | 1. 主题周"散演"活动<br>2. 完成江苏各地统计图<br>3. 制作文化小报<br>4. 制作江苏美食，学写中英文介绍。 |
| 四年级 | 1. 从探寻儒家文化开始，感受诸葛亮、王羲之、李清照等文化名人的精神传承；走进名山大川，走进各具特色的城市，感受现代山东的魅力色彩<br>2. 结合教材"方位认识"和"折线统计"的学习，了解山东的人文地貌和自然环境，探究旅行攻略<br>3. 查阅资料，设计一条有"山东特色"的旅游路线，并在地图上标出路线，用英语介绍路线中游览的2~3个人气城市和景点，制定旅游攻略。以小组为单位，从不同方面对山东进行主题演讲，如美食、景点、文化等 | 1. 主题周"散演"活动<br>2. 完成旅行攻略（中英文）<br>3. 演讲活动（中英文） |

（续表）

| 年 级 | 活 动 内 容 | 呈 现 方 式 |
|---|---|---|
| 五年级 | 1. 以"红色是江西文化的底色；江西是红色精神的源头活水"为主题，从英雄城南昌出发，途经革命圣地井冈山，红色故都瑞金三个城市，了解江西的红色革命城市。通过诵读、讲述、介绍有关江西的名山、名楼、名人和特产，赞美江西是个好地方。学唱红歌，绘画革命故事，来歌颂江西的红色精神，提升学生的核心素养，激发他们热爱祖国的情感<br>2. 结合教材"面积的估测"的学习，应用求不规则图形面积的方法，估测江西省的地域面积，从而比较面积的大小<br>3. 查阅资料，设计一条有"江西特色的红色之旅"的旅游路线，并在地图上标出路线，选择其中一个能体现红色之旅的城市，用英语对其文化及历史进行介绍。以小组为单位，从不同方面对江西进行主题演讲，如历史、景点、文化等 | 1. 主题周"散演"活动<br>2. 完成地图小册子<br>3. 演讲活动（中英文） |

（三）第三阶段——"游园会"分享、交流展示

时间：5月31日

地点：校园各场所

操场：弄堂小游戏活动

食堂：制作各地特色小食

一楼篮球馆：各地特色游戏活动

二楼阅览室：阅读各地文化

三楼演奏厅：各地才艺表演

图2-10 "走遍中国"主题活动启动仪式

图2-11 "走进浙江"散演活动

图2-12 "走进江西"游园活动

图2-13 "走进四川"游园活动

五楼多功能厅：观看各地宣传影片

各班教室：布置成各地城市，展现特色并设计参

与互动的环节

**模块三：歌颂祖国**

"歌唱祖国"歌咏比赛

**模块四：明辨是非**

每班开展"有话大家说"的小小辩论会。围绕24个字的核心价值观，结合小案例，谈谈你自己的理解，在班级内开展小小辩论会。

关键词1：公正

关键词2：诚信

关键词3：友善

【活动评价】

1. 过程性评价：参加"盛大之星"的评比

争当"盛大礼仪之星"

争当"盛大服务之星"

争当"盛大运动之星"

争当"盛大健康之星"

争当"盛大演艺之星"

2. 总结性评价

通过一个月的活动，同学们从上海"出发"，走过浙江、江苏、山东、江西。同学们不仅仅在用歌舞吟诵体悟各地经

典,更是在用自己的心灵去贴近祖国母亲,成为一个骄傲的中国人!

活动结束,同学们便兴致勃勃地到指定地点去敲章。看着护照上红艳艳的"上海""浙江""江苏""山东""江西",他们心中无比自豪!

总结评价活动内容与实施安排如表2-4所示。

表2-4　总结评价活动内容与实施安排

| 模块主题 | 内　容 | 实施对象 | 课程形式 | 实施时间 | 实施地点 | 评价形式 |
|---|---|---|---|---|---|---|
| 第一模块:聆听讲座 | 祖国富强篇:"我爱你,中国"公正民主篇:"小当家,我做主"文明传承篇:"学好文言文,习得中华文化" | 三至五年级 | 大课 | 周五下午快乐活动日 | 三楼演奏厅 | 自评、互评 |
| 第二模块:爱我中华 | 绘画创作比赛 | | 各班 | 寒暑假活动 | 随机 | 自评与他评 |
| 第三模块:歌颂祖国 | "班班有歌声" | | 年级组 | 少先队活动课 | 三楼演奏厅 | 师评与专家评 |
| 第四模块:明辨是非 | 班队会 | | 各班 | 1课时 | 各班教室 | 自评与他评 |

# 国家意识教育

# 第三章
# 国家意识教育

## 一、国家意识教育内涵

国家意识是指同属一国的居民对自己这个国家的情感与心理认知、认同意识的总和。它是公民责任感、自豪感和归属感的一种强烈体现，是现代国家的一种重要"软实力"。培育国家意识是增强社会成员国家认知认同的现实诉求，不仅关系到公民对国家的认知认同，还关系到国家的未来发展，关系到中华民族伟大复兴的实现。培育学生的国家意识理应是学校教育的重要任务。

习近平总书记多次强调培育国家意识的重要性，中央重要政策文件也多次强调"国家意识"。要使中国特色社会主义进入"新时代"，要推动构建人类命运共同体，就要使公民对国家意识的把握具备全球视野，并不断扩展其内涵，树立共同体意识与忧患意识、"以人民为中心"意识与历史使命意识。作为新时代中国特色社会主义事业的可靠接班人与建设者,学生群体虽有较为强烈的爱国情感,但其中部分学生的国家意识相对欠缺,这对新时代学生的思想教育提出了新课题。

加强青年学生国家意识的培育,要在坚持以人为本、贴近生活、循序渐进原则的前提下,科学构建国家意识培育系统的内容,将改进理论灌输与全面渗透、改进学校教育与优化社会影响、改进思想教育与解决实际问题这些方面有机结合。加强全球化态势下我国青年学生国家意识培育,是引导学生深怀一种责任感、使命感,深怀一份文化关怀和忧思,以一种积极参与和融入全球化的姿态,面对多元复杂的世界。因此,国家意识教育富有深意,极具现实意义,是学校德育工作的重中之重。

## 二、国家意识教育案例

### (一)向阳小学案例

【活动主题】 红领巾爱祖国——打着队旗去考察

【活动时长】 一学期

【活动目标】

基于"面向全体少先队员,全面贯彻方针,全面推进素质教育,关注队员全面发展、个性发展、可持续发展"的课程理念,从而确定主题教育活动目标:

1. 知识目标

本系列活动通过唱、看、问、听、讲、创、思、学的形式引导队员热爱祖国、热爱中国共产党、热爱社会主义、热爱全国各族人民，激励少年儿童为着理想勇敢前进，争做新时代的好儿童、好少年。

2. 能力目标

通过召开新一届少先队代表大会，通过让学生以中队为单位制定集体考察活动的方案，发挥队员的主观能动性，引导队员了解市情、民情以及建设的成就，讲活历史故事、用活红色资源，传承红色基因，在学生心中厚植爱国主义情怀。

3. 行为目标

在活动中培养少先队员的公民意识和探索精神，着力培养他们与人交往的能力，帮助他们感悟自我的社会价值，提升少先队员对所学技能知识的理解与把握程度，树立起改善社会环境的责任感。

【活动概述】

对青少年开展爱国主义教育是社会主义精神文明建设的重要部分。通过开展"红领巾社会实践活动"，以唱、看、问、听、讲、创、思、学的形式，以队员自主学习、全面发展、健康成长、快乐生活为本活动指导思想，使队员的主体性得到充分的发展。本活动以少先队员的兴趣爱好、内在道德要求为重要依据,抓住一切教育契机创设情境,变灌输式教育为参与式,变抽象化为形象化教育。

向阳小学的红领巾社会考察活动,其历史最早可以追溯到20世纪80年代。此次,学校重新审视了红领巾社会考察活动的重要作用,开展"打着队旗去考察"的主题教育活动。在设计、开展、总结考察活动的过程中,体现少先队教育的时代性,强调队员的主体性,重视活动的过程性,发挥资源的整合性,倡导教育的艺术性。通过开展社会实践活动,向阳小学形成学校"五个快乐"的文化氛围。学校进一步扎实推进学生思想道德教育,积极探索实践,让学生参加社会实践并建立科学的思想道德行为综合考评制度。这类社会考察活动的落实,也让少先队员得以走出校门看一看祖国的变化,引导他们去寻找祖国的发展变化,引导他们接触大自然和社会,从而增强少先队员的道德意识,培养他们的道德规范,让队员们争做行为习惯好、身心健康好、思想品德好,有理想有追求的新时代好少年、好儿童。

【活动内容】

**模块一:"嘹亮歌声颂祖国"序列**

每天12:45—13:00是学校"音乐频道"节目直播时间,这已经被列入学校课程设置的重要组成部分。学校鼓励少先队员们唱好听的歌,唱鼓舞人心的歌,唱有教育意义的歌。

环节一：歌声嘹亮，行为规范好。把实践考察中对队员行为规范的要求编写成朗朗上口的儿歌或者歌曲，使队员们能更直观地了解要求、记住要求、养成良好的行为习惯，保障实践活动顺利、有序、安全地开展。

环节二：开心唱歌，热爱祖国好。结合不同的时事背景，队员们学唱的曲目也不同；在"做一个有道德的人"主题活动推进的过程中，学校组织全体队员唱100首红歌中的部分曲目，每教唱一首歌曲，辅导员老师都会针对歌曲分析创作背景、讲述相关故事，把爱国的种子潜移默化地播撒在队员心中。

**模块二："回望历史讲英模"序列**

环节一：知英模事迹。通过巡回演讲组建"英模故事宣讲团"、影视沙龙等形式，使队员了解英模的事迹和英模的精神。

环节二：学英模精神。以"走出去，请进来"的形式邀请家长中各行各业的"标兵"与队员见面，可以分年级或分班级以座谈、访问、参观等多种形式开展；可以根据大队部提供的"小队手册"，由各小队聘请校外辅导员、家长辅导员或一次性特邀辅导员协助开展各项小队活动，在小队活动中向英模学习信念坚定、科学求实、艰苦奋斗、迎难而上、无私奉献、吃苦在前、不计名利得失等精神，从而形成良好的班风、校风。

图3-1 "四史"主题集会

图3-2 天平路街道社区志愿者服务

环节三：寻英模人物。其一，典型促进我成长：发现校园内学习模范的典型，开展"红领巾大采访"活动，通过升旗仪式、大队和中队的黑板报、红领巾广播等阵地进行表彰，表扬他们的优秀品质，鼓励全校队员向他们学习。其二，奖章激励我前行：阶段性奖章设置为春风章、大雁章、钉子章、孺子牛章，用奖章的形式鼓励队员参与社会实践活动，在此基础之上，"六一"期间表彰一批"向阳好少年""向阳好儿童"。其三，模范就在我身边：使队员了解模范就在身边，通过进一步细致的寻找，用智慧的双眼发现身边的榜样，学习身边的榜样，人人都力争成为"小模范"。

**模块三："征集方案促考察"序列**

以少先队代表大会的形式向全体队员发起征集社会考察活动方案的倡议，希望每位少先队员设计一份考察方案。为了调动大家参与的积极性，少先队大队部还设立了集体优胜奖和个人创新奖。

环节一：宣传动员勤发扬。大队秘书部选择优秀的中队考察方案进行宣传推广，发扬考察中队的经典做法，强调各细节中的注重点以及发生突发情况时的应急处理方案。

环节二：家校互动齐参与。充分发挥学校家委会委员的作用，在家长群中形成一定的正能量宣传作用，使更多的家长了解、支持并参与学校的考察活动，并适时提供相应的帮助。

**模块四："用好阵地定发展"序列**

基地实践活动使队员们近距离地观察生活、体验生活和感悟生活，让队员们在寓教于乐的活动中清晰地了解了我国源远流长的文化脉络，由此感悟民族精神的精、气、神，培养相关的民俗技艺，夯实传统文化底蕴，形成良好的文化素养和团队合作意识。

环节一：彩笔绘——缤纷彩笔绘制祖国大好河山。

环节二：科技展——完美科技彰显社会考察成果。

环节三：美德扬——讲述历史上英雄模范的故事。

环节四：队课展——主题活动展示广阔实践探索。

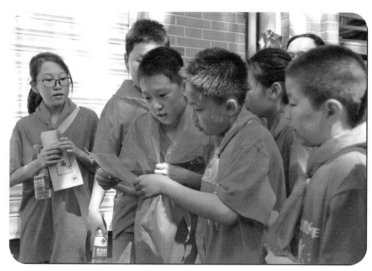

图3-3 "百人百里迎百年"红色足迹挑战

图3-4　参观鲁迅纪念馆

**模块五："走出校门看变化"序列**

环节一：学礼仪、学知识。社会实践活动让队员们走出校门，置身于社会大课堂中。在社会大课堂中学习礼仪知识，做到"社会即学校，生活即教育"，使要求儿童化、自动化、个性化、艺术化。

环节二：看变化、增情感。以中队为单位，发挥队员的主观能动性，开展生动活泼的考察活动。通过看一看、听一听、问一问、议一议、想一想、写一写、画一画，使得考察有主题、有目的、有记录、有收获，并进一步激发队员的爱国情感。

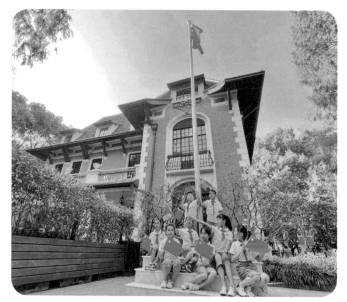

图3-5 百代小楼实践活动

图3-6 寻访张乐平故居

**模块六:"为着理想争先进"序列**

在"红领巾心向党"考察活动中,结合时事培养少年儿童对中国共产党和祖国的朴素情感,夯实少先队阵地"基础建设",形成人人争当"五星少年"、班班争创"五星集体"的积极氛围。

环节一:人人争当"五星少年"——爱国之星、责任之星、和平之星、未来之星。

环节二:班班争创"五星集体"。各中队队员思考、制定与自身相匹配的发展规划,队员们在活动中树立远大的理想,形成坚定的信念,提升综合素质,努力成为有理想、有知识、有纪律、有道德的有用之才。

【活动评价】

1.过程性评价

优秀考察方案评选活动:

(1)营造氛围,争当积极"参与者"。

(2)自由招标,争当创新"小能人"。

(3)民主评议,争当快乐"主人翁"。

(4)策划活动,争当机智"外交官"。

(5)开展活动,争当幸福"组织者"。

(6)重视典型,争当快乐"收获者"。

2.终结性评价

通过社会考察活动,让队员走出校门看一看祖国的变化,让队员去寻找祖国的发展变化,引导队员接触大自然、接触社会,从而增强队员的道德意识,培养队员的道德规范,争做行为习惯好、身心素质好、思想品德好、理想追求好的新时代好少年。

3.课程实施效果评价

重视运用激励原则进行评价。队员学习的态度和习惯、在学习过程中的实际状况都是评价时很看重的方面。同时,尽可能兼顾队员在原有基础上的进步,让每个孩子都能感受到:我在进步,我能行!

表3-1为活动内容与实施安排评价一览表:

表3-1 活动内容与实施安排评价一览表

| 模块主题 | 内容 | 实施对象 | 课程形式 | 实施时间 | 实施地点 | 评价形式 |
|---|---|---|---|---|---|---|
| 模块一:嘹亮歌声颂祖国 | "童心向党"歌咏活动 | 三至五年级 | "音乐频道"班班有歌声 | 每周一至周五12:45—13:00 | 教室 | 专业评委评议 |
| 模块二:回望历史讲英模 | 抗战英雄人物事迹介绍 | | 以小组为单位进行 | 每周二、周四晨会课 | 教室 | 自评与他评 |
| 模块三:征集方案促考察 | 红领巾考察活动启动仪式 | | 大队集会 | 1课时 | 大操场 | 集体评议 |
| 模块四:用好阵地定发展 | 雏鹰假日小队实践活动 | | 寒暑假活动 | 假期中 | 随机 | 自评与他评 |

（续表）

| 模块主题 | 内容 | 实施对象 | 课程形式 | 实施时间 | 实施地点 | 评价形式 |
|---|---|---|---|---|---|---|
| 模块五：走出校门看变化 | 走出去，请进来 | | 双休日大世界 | 每两周一次（周六） | 校外 | 小组评、教师评、家长评 |
| 模块六：为着理想争先进 | "我是最美少年"主题队会 | | 少先队活动课 | 少先队活动课 | 演播室 | 自评与他评 |

## （二）徐浦小学案例

毗邻徐浦大桥的徐浦小学创始于1908年，校园环境整洁优美，是上海市花园单位。学校重视三类课程建设，尤以"桥文化"教育特色为亮点，以"努力的学生、文明的队员、合作的伙伴、阳光的少年"为培养目标，开展符合学生认知基础和发展规律的教育教学。学校积极构建校本课程体系，促进整体改革，新建的创新实验室、公共安全教室等成为孩子们的最爱。以"传承、沟通、合作、跨越"为内涵的校园文化，使学校成为师生共享的学园、家园、乐园。

学校教师队伍有热情、有活力、有干劲，敬业爱岗，注重促进学生的全面发展。近几年，我校有多位老师在市辅导员说课、区"三奖"、区"新苗奖"等竞赛中获得佳绩，获得"上海市园丁奖"、徐汇区"园丁奖""耕耘奖"等称号。

【活动主题】 爱学校　爱家乡　爱祖国

【活动时长】 一学期

【活动目标】

（1）努力提高国家意识，爱祖国从爱校园做起、从爱家乡做起，发现祖国变化，感受祖国发展，培养强烈民族情怀。

（2）激发学生参与社会实践的积极性与主动性，培养学生的创新精神和实践能力。

（3）拓展学生的视野，发展学生的能力，提升合作交往、沟通交流的能力。

（4）提高学生思想道德水平和参与社会活动的能力，鼓励学生努力完成任务，跨越自我。

【活动概述】

遵循"以人为本"的教育发展趋势，以课程为支撑，以活动为载体，以体验为途径，围绕"传承、沟通、合作、跨越"的"桥文化"教育目标，通过半日主题实践活动充分利用校园周边资源，与校园文化内涵相结合确定内容、制定方案。以爱国主义、民族精神、公民素养等为教育内容，组织学生开展不同的主题活动，旨在让学生通过看一看、走一走、做一做、学一学，在沟通、交流、合作、分享的过程中，传承中国传统文化，感受民族的悠久历史，体验民族情感，树立国家意识，抒发自豪感，树立自信心，强化进取心。

【活动内容】

### 模块一：爱徐浦，争当校园主人

1. 学习目标

（1）了解学校，熟悉校园环境，认识所有老师和班级伙伴，喜欢学校生活，愿意和老师、同学交往。

（2）了解并遵守学校生活的基本行为规范要求，并积极付诸行动，在老师的指导下安排好自己的日常学习和生活。

（3）逐步适应小学的学习生活，能对学习产生兴趣，有求知的欲望，养成良好的学习习惯。

2. 活动过程

（1）参观校园，了解每个校园的文化内涵。

（2）学习诵读行为习惯的儿歌，开展儿歌诵读比赛。

（3）根据行为规范要求，开展行为规范礼仪小标兵评选，并进行礼仪标兵事迹介绍与宣传活动。

具体见表3-2，表3-3，表3-4，表3-5。

表3-2　任务单（一）介绍我的学校、老师和同学

| |
|---|
| 1. 能用"我是×××学校，××班级的学生，我的学号是××"介绍自己。（　　） 说对请用"√"表示 |
| 2. 能用"×老师教我们××，她（他）怎么样……"介绍老师。 说对请用"√"表示 |

| 语文×老师（　　） | 数学×老师（　　） | 英语×老师（　　） |
|---|---|---|

（续表）

| 自然 × 王老师（　　） | 音乐 × 老师（　　） | 美术 × 老师（　　） |
|---|---|---|
| 体育 × 老师（　　） | | |
| | | 备注：至少说出3个 |

3. 能用"我认识了新朋友，他（她）的名字叫 × ×，他（她）怎么样……"介绍同学。

| 同学1（　　） | 同学2（　　） | 同学3（　　） |
|---|---|---|
| | | 备注：至少说出3个 |

表3-3　任务单（二）我的好习惯养成

| 家长根据孩子实际情况给出评价，用"√"表示 | | | |
|---|---|---|---|
| 回家先做作业 | ☺ | 😐 | ☹ |
| 有看课外书籍的好习惯 | ☺ | 😐 | ☹ |
| 自己的书包自己整理 | ☺ | 😐 | ☹ |
| 能按课表准备第二天的学习用品和书本 | ☺ | 😐 | ☹ |
| 能做力所能及的家务 | ☺ | 😐 | ☹ |

表3-4　任务单（三）我会唱国歌、校歌

| 家长根据孩子实际情况给出评价，用"√"表示 | | | |
|---|---|---|---|
| 立正　声音响亮　歌词正确 | | | |
| 国歌 | ☺ | 😐 | ☹ |
| 校歌 | ☺ | 😐 | ☹ |

表3-5 学生行为规范评价表

| 主题 | 评价项目 | 行为观测具体内容 | 评价（做到的打★） | |
| --- | --- | --- | --- | --- |
| | | | 自己评价 | 老师评价 |
| 我守规范 | 校园环境知多少 | 能说出学校的名称、校址，会唱校歌。 | ☆☆☆ | ☆☆☆ |
| | 进校离校讲礼仪 | 放学时整理好书包和课桌，桌肚里不留杂物，把椅子放到规定的地方。 | ☆☆☆ | ☆☆☆ |
| | 升降国旗要肃立 | 升（降）旗时面向国旗，立正、行注目礼。会正确唱国歌，唱国歌时声音响亮、精神饱满。 | ☆☆☆ | ☆☆☆ |
| | 排队做到快静齐 | 排队时不讲话，前后保持半臂距离。在队列中眼睛看前方，挺胸抬头，队伍一条线，与前后左右同学对齐。 | ☆☆☆ | ☆☆☆ |
| | 用餐礼仪我做到 | 吃饭前先洗手，准备好餐具、餐垫。吃饭时不说话、不挑食、不剩饭。饭后轻放饭盒，将桌面整理干净。 | ☆☆☆ | ☆☆☆ |
| 我爱徐浦 | 班级同学要友爱 | 大大方方地向同伴介绍自己。正确称呼同桌或小组伙伴的姓名。主动向老师和伙伴问好。乐意与伙伴一起活动。 | ☆☆☆ | ☆☆☆ |
| | 班级事情我主动 | 会有序地扫地、擦桌椅和排桌椅。自觉完成劳动任务。能主动为班集体出力。 | ☆☆☆ | ☆☆☆ |

模块二：知华泾，追寻名人足迹

1.学习目标

（1）收集资料，初步了解黄道婆的生平。

（2）通过参观，初步了解黄道婆改进纺车后布匹的变化，知道黄道婆对提高中国棉纺织业水平所做出的伟大贡献。

（3）学习黄道婆不畏艰险、坚持实践、勇于创新的优秀品质。

2.活动过程

项目一：前期准备

（1）收集信息，相互交流。以小组的形式，从黄道婆的

图3-7　参观黄道婆纪念馆

青少年时代、黄道婆改进的纺织工具、黄道婆改良的棉纺织品三个方面入手,了解黄道婆的生平和贡献。

（2）制作纸花,以表示对黄道婆的敬意。

项目二：实地参观

"学习黄道婆"活动如表3-6所示。

表3-6 "学习黄道婆"活动安排

| 活动项目 | 内容与要求 | 活 动 建 议 |
|---|---|---|
| 参观黄道婆纪念馆 | 1.祭奠黄道婆墓 | 两位小主持人介绍黄道婆的生平,并通过敬献纸花的方式,来表达对黄道婆的敬意 |
| | 2.参观纪念馆 | 1.认真聆听园内导游的讲解,了解黄道婆对纺织业做出的具体贡献<br>2.认真完成活动任务单（二）<br>3.小队成员用文字、图片制作成小报 |

学习黄道婆活动后的任务单如表3-7所示。

表3-7 学习黄道婆活动后的任务单

| | 任 务 | 填 空 |
|---|---|---|
| 1 | 黄道婆推广的高效弹棉工具是什么? | |
| 2 | 黄道婆改革的纺织机叫什么,有什么特点? | |
| 3 | 黄道婆的错纱、配色的工艺是怎么样的? | |

项目三：交流反馈

（1）小报展示。在班级中展示制作的小报。

（2）讲解故事，教唱儿歌。到低年级去做小小故事员，简单地讲一讲"黄道婆的生平"的故事，唱一唱儿歌《黄婆婆》。

**模块三：爱社区，从保护环境做起**

1. 学习目标

（1）知道垃圾的危害。

（2）知道垃圾与人们生活的关系，产生保护环境的积极情感。

（3）知道不同垃圾的处理过程，以及循环再造的运作系统。

（4）知道垃圾处理与环境的关系，知道不当的垃圾处理方式会给环境带来危害，激发保护环境的意识和责任感。

2. 活动过程

项目一：考察前期指导

（1）考察动员：引出考察主题、时间、地点。

（2）布置前期准备：了解垃圾的分类，能初步知道垃圾处理的方法。

项目二：参观考察徐汇区物流环境垃圾处理站

参观考察徐汇区物流环境垃圾处理站。将参观后的体验记录在表中（见表3-8）。

表3-8　参观后体验

| 我最感兴趣的地方 | |
| --- | --- |
| 感兴趣的原因 | |
| 参观后的感受(你了解到了什么?) | |
| 除了以上内容,你还想了解什么? | |

　　通过考察,知道垃圾的分类和处理,并从自身做起,进行垃圾分类和处理。表3-9为垃圾分类处理的活动任务单。

表3-9　垃圾分类和处理的活动任务单

| 请你对家中的垃圾进行分类 | | | |
| --- | --- | --- | --- |
| | | | |
| | | | |
| 针对这些垃圾你该怎么处理 | | | |
| | | | |
| | | | |

　　项目三: 交流总结

　　以小组为单位制作一份小报或通过废物利用的形式制作一件作品。

### 模块四：爱粮食，生活来之不易

1. 学习目标

（1）使学生体会到种粮食的辛苦，对"粮食是汗珠换来的"有亲身体会，了解要爱惜粮食的原因。

（2）使学生不仅懂得爱惜粮食，而且有自觉的行动，在平时吃饭时就能大大地减少浪费粮食的现象。

（3）发挥学生在系列活动中的主观能动性，让他们在活动中思考、探究、感受，懂得爱惜粮食的道理。

图3-8　参观上粮六库

图3-9 参观环境物流公司

2. 学习任务

学习任务如表3-10所示。

表3-10 学习任务

|  | 内 容 | 时 间 | 地 点 |
|---|---|---|---|
| 项目一 | 听讲座,了解粮食 | 1课时 | 校内 |
| 项目二 | 参观上海市第六粮食仓库 | 2课时 | 校外 |
| 项目三 | 交流感受 | 1课时 | 校内 |

3. 活动过程

项目一:前期准备(见表3-11)

(1)收集有关爱惜粮食的古诗、谚语。

（2）通过咨询、查阅书刊、上网等方式了解粮食的种类和种植方法。

（3）听讲座。

表3-11 活动前期准备

| 形　式 | 内　容 | 成　果 |
|---|---|---|
| 找一找 | 收集有关爱惜粮食的古诗、谚语 | |
| 听一听 | 了解粮食的种类和种植方法 | |

项目二：参观上海市第六粮食仓库

（1）参观上海市第六粮食仓库的码头。

（2）参观上海市第六粮食仓库的储粮仓库。

（3）认识不同的粮食。

参加粮库的活动任务单如表3-12所示。

表3-12 参观粮库的活动任务单

| 形　式 | 内　容 | 成　果 |
|---|---|---|
| 看一看 | 参观上海市第六粮食仓库的码头和储粮仓库 | 我知道了： |
| 认一认 | 认识不同的粮食 | 我知道了： |

项目三：交流会

（1）背诵有关爱惜粮食的古诗、谚语。

（2）谈谈你参观上海市第六粮食仓库后的感受。

模块五：走军营，感受军人之风

1.学习目标

（1）了解一些不同时代的英雄人物事迹，激发对军人的崇敬之情。

（2）观赏军舰，了解海军消磁站的作用以及海军军舰消磁的原因，学习相关的国防知识。

（3）参观军营内务，学习叠被本领，感受军队的优良作风。

（4）观赏士兵队列训练，学习基本的队列动作，感受严格的军纪，逐步养成自觉遵守纪律的文明行为。

图3-10　在海军消磁站了解国防知识

2. 活动过程

项目一: 前期准备

(1) 教师准备。结合体育体活课,学习基本队列动作,做好活动前宣传动员工作和组织工作,以保证活动取得良好效果。

(2) 学生准备。以小组为单位,合作查找1~2位课本外军人的小故事,在班会课中交流。

项目二: 看看军营内务,学学军中本领

(1) 看: 参观军人学习室、荣誉室、营房、洗漱间。

(2) 做: 学习叠被和洗漱用品的摆放。

项目三: 观看士兵训练,练习队列步伐

(1) 赏: 观看士兵队列训练、格斗操训练等。

(2) 练: 进行队列训练。

① 立正、稍息、停止间转法

② 坐下、起立

③ 齐步、跑步、立定

项目四: 观赏江中军舰,了解国防知识

(1) 听: 倾听海军战士讲解消磁站的作用,了解消磁知识。

(2) 看: 观摩正在江中消磁的军舰。

(3) 问: 学生可以向海军叔叔提一些他们感兴趣的问题。

**模块六: 学英烈,体会爱国情怀**

1. 学习目标

(1) 通过参观和聆听,了解龙华烈士陵园革命英雄的光荣事迹。

（2）运用搜集、整理等多种方法查找与龙华烈士陵园相关的资料，多渠道了解和认识龙华烈士陵园。

（3）通过活动让学生从小树立远大理想，懂得幸福生活来之不易，珍惜今天。

2.活动过程

项目一：前期活动准备

（1）结合《在烈士墓前》一课，初步了解上海龙华烈士陵园，通过咨询、查阅书刊、上网等方式收集有关龙华纪念馆、纪念雕塑、革命遗志、烈士墓区的相关人物英雄事迹。

（2）结合民族精神月的相关活动，听一听、说一说烈士

图3-11　祭扫英烈

们的故事。

（3）在音乐课上，学生学唱《红五月》《歌唱二小放牛郎》《中国少年先锋队队歌》等革命经典歌曲。

项目二：参观上海市龙华烈士陵园

（1）认真聆听园内导游的讲解，了解龙华烈士陵园的史料。

（2）参观陵园中的展览馆，了解两三位烈士的英雄事迹。

（3）参观烈士纪念堂、烈士墓和无名烈士陵，祭扫烈士墓。

项目三：交流会

（1）交流在活动中了解的烈士，讲述他们的事迹。

（2）谈谈你参观上海龙华烈士陵园的感受。

活动任务一：

通过各类学科和学校活动所学知识，说说你所知道的有关龙华烈士陵园和革命烈士的信息。

活动任务二：

（1）聆听讲解，观看影片《李白》，了解革命进程和烈士生平。

（2）参观烈士纪念堂、烈士墓和无名烈士陵。

活动任务三：

（1）在班级中交流烈士的故事，并进行评比。

（2）说说对"丹心碧血为人民"这几个大字的理解。

## 模块七：踏足迹,追寻上海历史

1. 学习目标

（1）了解外白渡桥的历史演变,明白外白渡桥是城市象征的原因。

（2）参观外白渡桥,感受其雄伟壮观的建筑构造,激发对祖国建设的热爱之情。

（3）通过实地考察和课后资料查阅,解决相关问题,培养学生的合作能力和探究精神。

（4）通过成果展示,将此次参观的收获和感想记录下来,培养学生的动手能力。

2. 活动过程

项目一：前期准备

（1）在家中查阅相关资料,初步了解外白渡桥的相关知识。

（2）预习《苏州河上的桥——外白渡桥》一课。

项目二：探究课《苏州河上的桥》;制定任务单

（1）师：上探究课,帮助学生进一步了解外白渡桥的名称由来及历史变迁。

（2）生：提出疑问,共同制定任务单,并分组。

项目三：参观外白渡桥

（1）看：感受外白渡桥的特色及周围建筑、风景。

（2）记：带着问题去参观,可组织交流并记录下来。

（3）拍：有条件的学生可随手拍摄相关照片信息。

项目四：完成任务单

小组合作解决相关问题，完善任务单内容。

项目五：后续活动

（1）成果展示——请你用自己的方式把心中的"外白渡桥"记录下来（提示：可采用电子小报、手绘小报、图画、照片等形式）。

（2）与学科结合——快乐大比拼。根据见到的外白渡桥的景色、外观和了解到的外白渡桥的历史，制作一张书签，同年级各班之间相互评比。

**模块八：观大桥，感受祖国发展**

1. 学习目标

（1）参观徐浦大桥，初步了解徐浦大桥的结构。

（2）参观徐浦大桥监控室，了解大桥监控情况、车流量

图3-12　在徐浦大桥管理所学习大桥结构

情况。

（3）学习关于桥的儿歌。

2. 活动过程

项目一：校内校外看大桥

（1）老师提出参观的安全要求。

（2）参观，了解大桥的外形和功能。

（3）感受大桥的雄伟。

项目二：参观大桥监控室

活动准备：事先与相关大桥管理所联系，确保有管理员讲解。

（1）参观大桥监控室，听管理人员介绍桥面交通状况及交通事故处理方式。

（2）了解交通流量、大桥载重量及其连接浦东浦西、便利交通的功能特性。

（3）听一听，黄浦江上几座桥的不同特点。

项目三：浦江大桥知多少

学生由老师和大队干部带领，分小队交流：

　　　我们今天参观徐浦大桥，认识黄浦江上的其他两座大桥_____

_____

　　　上海有一道"二龙戏珠"的景观，"二龙"指的是黄浦江上的（　　　）大桥和（　　　）大桥，"珠"指的是（　　　　）。

观察卢浦大桥、南浦大桥,思考它们与徐浦大桥的不同,并将黄浦江上三座大桥的类型、通车时间、连接地点和各自的特点填入表3–13。

表3–13　记录黄浦江三座大桥的概况

| 桥　名 | 通车时间 | 桥的类型 | 连接地点 | 特　点 |
|---|---|---|---|---|
| 徐浦大桥 | | | | |
| 卢浦大桥 | | | | |
| 南浦大桥 | | | | |

【活动评价】

1. 过程性评价

（1）教师依据活动观测点的要求,以鼓励为原则即时评价学生的活动表现。

（2）自我评价活动参与情况,小组内评价组员合作情况,评价表如表3–14。

表3–14　过程性评价表

| 评价项目 | 具　体　内　容 | 评价：优秀★★★<br>良好★★　需努力★ | | |
|---|---|---|---|---|
| | | 自评 | 同学评 | 老师评 |
| 情感态度 | 1. 积极参与各项活动。 | | | |
| | 2. 在活动中讲文明、守秩序。 | | | |
| 合作交流 | 1. 主动发表自己感言。 | | | |
| | 2. 能与伙伴沟通,乐于帮助他人。 | | | |
| | 3. 认真倾听大家的意见和观点。 | | | |

（续表）

| 评价项目 | 具 体 内 容 | 评价：优秀★★★<br>良好★★　需努力★ | | |
| --- | --- | --- | --- | --- |
| | | 自评 | 同学评 | 老师评 |
| 学习收获 | 1. 根据任务单要求，认真完成各项活动任务。 | | | |
| | 2. 提高探究意识，分享活动收获 | | | |

2. 总结性评价

教师通过学生任务单完成情况、活动感言或活动成果展示给予活动总结性评价，见表3-15。

表3-15　总结性评价表

| 活 动 地 点 | 活 动 时 间 | 活 动 项 目 |
| --- | --- | --- |
| | | |
| 参与此次活动收获 | | |
| 教师点评 | | |
| 综合评定 | | |

# 第四章

文化自信教育

# 第四章
# 文化自信教育

## 一、文化自信教育内涵

优秀的传统文化是一个国家和民族的灵魂。加强中华优秀传统文化建设，是不断满足人民群众日益增长的精神文化需求的需要，是促进经济社会发展的需要，是增强民族自信的需要，是坚定道路自信、理论自信、制度自信的需要。

中华优秀传统文化是在漫长发展进程中积淀形成的优秀传统文化，是凝聚中华民族的强大精神纽带。中华优秀传统文化的深刻内涵体现了"文明""和谐""爱国""敬业""诚信""友善"等社会主义核心价值观，因此在新的历史条件下，传承、弘扬中华优秀传统文化，是建设中国特色社会主义文化的重要内容。

学校是传统文化教育的主渠道、主阵地，有着先导与示范作用。因此，学校要深入挖掘和利用传统文化中的精髓，积极寻找优秀传统文化与学校德育的结合点，赋予它新的时代

气息,使其成为新时期青少年学生思想道德规范的基础。

# 二、文化自信教育案例

## （一）徐汇实验小学案例

徐汇实验小学于2011年9月开办,是徐汇区教育局创办的第一所以"徐汇"命名的实验小学。学校坐落在徐汇区长桥街道,东临风景秀丽的黄浦江。学校建筑错落有致,富有美感;校园绿树成荫,花团锦簇;运动区、教学区布局合理,学校高标准配置教学设备设施,实现了校园信息网、广播网、电视网三网覆盖,阅览室、音乐室、美术室、舞蹈房、体育馆、劳技室、计算机房等专用教室齐全。学校秉承"把美好送给学生,把快乐带给学生,使学校真正成为学生成长的乐园"的办学理念,以"精彩生长 智慧生成 共建教育新生态"为中长期办学目标,使学校在探索变革中办出特色、办出品位。学校致力于让每一个学生在徐汇实验小学精彩生长,使每一位教师在参与变革中生成实践智慧,使学校、家庭与社区有机互动并形成正确的教育质量观及有效能的实践方式,提升学生的学习品质。

【活动主题】 小水滴的自由七彩梦

【活动时长】 一学期

【活动目标】

为了积极响应习近平总书记提出的"中国梦",在"把美好送给学生,把快乐带给学生,使学校真正成为学生成长的乐园"的办学理念的引领下,让学生在学习与生活乐园中快乐健康地幸福成长,培养学生成为"乐学、乐读、乐动、乐行、乐思"的"徐汇实验小乐乐",即经过五年的小学生活,学生能乐学习、爱阅读、会运动、勤实践、善思考。

(1)知识目标:了解自己,乐于自由发展广泛的兴趣爱好和健康的审美情趣。

(2)能力目标:在体验"追梦"的过程中提升与人沟通合作的能力,养成良好的学习习惯,形成良好品格。

(3)行为目标:能传播正能量,自己成长并给身边的同伴带来积极影响。

【活动概述】

学校遵循学生的成长和发展规律,契合学生的特点和需求,按照整体规划、循序渐进的原则,通过丰富德育内容,充分利用重大节日、重要事件等开展主题教育活动,把活动进行课程化设计,有计划、有重点、分阶段、分类别地推进主题教育活动,使活动协调有序发展,形成不同年级与不同类型纵横交织、有机融合的"一体设计、三维立体、规范推进"的主题教育体系,帮助小学生初步培养起爱祖国、爱人民、爱劳动、爱科学、爱社会主义的情感;树立基本的是非观念、法律意识和集体意识；逐步培养起良好的意志品格和乐观向上的性格，成为徐汇实验小学"五乐"好少年。

为培养"乐学、乐读、乐动、乐行、乐思"的"五乐"好少年，学校开展了"我有一个梦想"的主题系列活动。徐汇实验小学以乐乐小水滴为标志形象，小水滴具有包容、汇聚、灵动、自由等水的寓意。学校结合每月主题，让学生参与科技、运动、艺术等方面的活动，体验知梦想、写梦想、画梦想和展梦想的过程，逐步形成并完善校本德育课程，承载孩子们的梦想。学校以"梦想"为核心，给学生"自由个性发展"的空间，让学生体验"追梦之途"，丰富活动经历，营造积极向上、清新高雅、健康文明的校园文化氛围。"我有一个梦想"系列课程意在激发学生广泛的兴趣爱好，培养学生健康向上的审美情趣，引导学生全面发展。不同类型的活动平台侧重培养学生相对应的核心素养，引导他们向真、向善、向美，个性得到自由、健康的发展。

【活动内容】

**模块一："梦"系列——"书法梦"**

环节一：

学校利用升旗仪式和红领巾广播，请在书法方面有特长的同学向全体同学介绍自己的书法梦，通过身边同学的口述，让全体师生都能感知梦想并不遥远，梦想的力量是神奇、伟大的。

图4-1 "我有一个梦想"主题活动——个人书法展

图4-2 "我有一个梦想"主题活动—— 艺术节展演

环节二：

校方与家长沟通，收集整理学生个人书法作品，把学校大厅布置成小型个人书法作品展。学校搭建平台，为学生提供施展梦想的舞台。

环节三：

组织全校师生参观学生书法作品，观摩的学生写下想法贴在留言板上。此举是为了让更多的孩子被追梦精神感染，号召同学们纷纷行动起来。

**模块二："梦"系列——"音乐梦"**

环节一：

确定下活动方案：迷你音乐梦想秀结合学校艺术月主题，筹备历时三个多月，期间进行海选、初赛和复赛，面向全体学生自由报名，选拔出的优秀选手将在之后学校举办的音乐会上展现自己的才华。

环节二：

比赛公开进行，评委老师们综合小选手的参赛态度、努力程度和表演效果等相关因素给出最终公正的评价。音乐会前夕，校方做好充分准备，为参赛学生准备一场表演秀。

环节三：

结合迎新活动，开展名为"音乐梦想秀"的音乐会，让有音乐梦想的孩子登上舞台，施展自己的艺术才华。孩子们在活动过程中得到老师的鼓励和爸爸妈妈的支持，通过自己的努力看到进步,每一次练习都是向梦想迈近一步。

**模块三:"梦"系列——"读书梦"**

结合读书月活动,学校开展"读书点燃梦想,梦想成就未来"的主题活动。

环节一:

由校领导动员大家热爱阅读、勤学知识、勇追知梦。之后,学校邀请儿童文学作家来与学生交流,点燃孩子们心中的写作梦想。全校设立日常晨间静读时段,开设作家张乐平与三毛的读书展板会与相关写作指导讲座,班级内通过布置温馨的图书角,为孩子们提供良好的阅读环境。

环节二:

乐乐阳光午休为孩子们提供自由阅读的时间;图书馆、教学楼走廊、班级图书角和网上小思阅读平台方便孩子们随心阅读。此外,学校还组织经典诵读展示、课本剧表演等精彩纷呈的活动项目供孩子们自由选择。

环节三:

通过华泾街道图书馆给学校图书馆捐书以及学校向云南山区捐书的活动,把读书梦想的力量辐射到校外,同时也把求知梦传递得更远。

**模块四:"梦"系列——"运动梦"**

强身健体,提高身体素质,向着奥运精神前进。学校为体育小健将打造以"我运动·我快乐"为主题的体育节活动。

图4-3 "我有一个梦想"主题活动——读书节活动

图4-4 "我有一个梦想"主题活动——体育节活动

环节一：个人训练

同学们在平日的训练中经历磨炼和日复一日的刻苦练习，通过学校提供的各类平台锻炼身心。足球社团，孩子们在绿茵场上挥汗如雨；篮球社团，孩子们在球类馆内刻苦训练；乒乓、网球等各色体育社团也在学校如火如荼地开展。

环节二：团队合作

在团队合作中不断地磨合调整，在老师、教练的严格要求和鼓励下，孩子们用汗水浇灌出可喜的成果。

环节三：展示风采

春季、冬季运动会是学校为学生搭建的展示平台，徐汇实验小学运动员们换上酷炫的运动服在绿茵场上自由展现夺目的风采，每一个亮相都惊艳全场。场上十分钟，场下数年功，所有辛苦都是值得的，孩子们由此尝到成功的甘甜滋味，这种成就感就是圆梦的喜悦。

**模块五："梦"系列——"科学梦"**

在自然科学领域，我们也为未来的"小小科学家们"搭建了实现科学梦想的平台。

环节一：亲近自然

老师先在升旗仪式上讲述科学家的小故事，鼓励孩子们勇于探索，放飞自己的科学家之梦。学校准备丰富有趣的实践活动，各年段学生都能参加合适的项目。

图4-5 "我有一个梦想"主题活动——科技节活动

图4-6 "我有一个梦想"主题活动——"我们的毕业林"

环节二：勇于实践

同学们有的认养小蜗牛、有的种植小盆栽、有的认真记录观察日记。毕业班同学还为学校栽种小树苗……同学们尽情地探索着。在成长为小小科学家的道路上，他们学会仔细观察，还大胆地尝试动手做实验，查找资料，印证猜想，过足了瘾。科学精神的润养尽在不言中。

环节三：实践活动

学校开设科技节游园活动，邀请爸爸妈妈走进校园，和孩子们一同打开科学世界的大门，一同做实验，一同去探秘，一同做研究，各种主题的科学探究活动，如"我是小小建造师""我是小小花农""我是小小科学家"等项目，让孩子在实践体验过程中接近科学的梦想。

【活动评价】

对于活动的评价，学校采用多角度相融合的评价方式，重点关注：活动前学生对于梦想的了解程度，参与活动的热情度以及对他人追梦持有的态度；活动中的行动力，遇到困难时的态度和表现以及与同伴合作的情况；活动展示中的表现力，对他人梦想所持有的态度，活动展示后状态的改变和心志的成长情况。校园活动内容与实施安排一览表如表4-1所示。

表4-1 校园主题活动安排的实施一览表

| 目标 总目标 | 实践途径 | 具体安排 名称 | 分目标 | 具体实施（活动） | 活动年级 | 评价 |
|---|---|---|---|---|---|---|
| 「我有一个梦想」系列课程 1. 了解自己，乐于自己自由发展广泛的兴趣爱好，养成健康的审美情趣。2. 在体验「追梦」的过程中提升与人沟通合作的能力，养成良好的学习习惯，形成良好的品格。3. 能传播正能量，自我成长的同时给予身边的同伴带来积极的影响 | 知梦想 | 心理节 | 产生自我认同感，更清楚地认识自己，了解自身的优点和不足，勇于表现自我，萌发自己的梦想；乐于与人沟通、团结合作 | 《送你一颗心》心理剧欣赏 | 全体学生 | 1. 对梦想的了解程度，参与活动的热情，对他人追梦的态度持有的态度 2. 活动中的行动力，遇到困难时的态度和表现，与同伴合作的情况 3. 展示中的表现力，展示后心态状态变化和成长情况 |
| | 说梦想 | | | "想飞的孩子"T恤绘画涂鸦 | | |
| | 写梦想 | | | "微笑天使"校内评选 | | |
| | 画梦想 | | | "健康校园，美丽心灵"微视频制作 | | |
| | 展梦想 | | | "梦想"主题班队会团体心理辅导 | | |
| | | 数学节 | 对数学产生兴趣；锻炼计算、统计、比较等数学能力；能主动尝试运用所学，体验运用数学知识解决问题的过程 | 数学闯关王 | 全体学生 | |
| | | | | 数学体能赛 | | |
| | | | | "一笔画"比赛 | | |
| | | | | 24小时达人 | | |
| | | | | 连连看高手 | | |
| | | 英语节 | 了解西方国家的风俗习惯，切身感受西方文化；锻炼英语口语表达能力；能用英语主动地用英语表达，展示自己 | 嘻哈英语万圣节、糖果化装巡游会 | 全体学生 | |
| | | | | "快乐精灵"英语童谣哼唱乐 | | |
| | | | | "百变故事"英语课本剧 | | |

附：活动内容与实施安排一览表

| 总目标 | 实践途径 | 结合校园文化主题月（节） | | | | 评价 |
| --- | --- | --- | --- | --- | --- | --- |
| | | 名称 | 分目标 | 具体实施（活动） | 活动年级 | |
| "我有一个梦想"系列课程<br><br>1. 了解自己，乐于自由发展广泛的兴趣爱好和健康的审美情趣<br><br>2. 在体验"追梦"的过程与提升能力中，养成良好的学习习惯，形成良好的品格<br><br>3. 能传播正能量，自给成长身边的同伴带来积极的影响 | 知梦想 | 艺术节 | 陶冶情操，形成健康向上的审美情趣，愿为追求美刻苦练习，敢于创新 | 我是小书法家 | 全体学生 | 1. 对梦想的了解程度与参与活动的热情，对他人追梦的态度有的态度 |
| | 说梦想 | | | 迷你音乐秀 | 一年级 | |
| | | | | 小水滴的七彩画廊 | 一年级 | |
| | 写梦想 | 体育节 | 乐于展示自我，表达个性，愿为目标逐渐形成坚毅的品格，勇于面对挫折和困难；乐于并善于和他人合作 | 亲子比赛勇夺冠 | 二至五年级 | |
| | | | | "我运动·我快乐"春季运动会 | 一至五年级 | 2. 活动中的行动力，遇到困难时的表现和表现，与同伴合作的情况 |
| | 画梦想 | | | 阳光体育小明星巨偏展 | 一年级 | |
| | | 科技节 | 善于观察，养成持续思考的习惯，体会科学研的精神 | 蜗牛与蜗牛赛跑季 | 二三年级 | |
| | 展梦想 | | | "乐乐小花衣"与漂流小盆栽 | 三年级 | |
| | | | | "小乐乐"的春之校园探秘 | 四年级 | 3. 展示中的表现力，展示后精神状态的改变和心态的成长情况 |
| | | | | "小乐乐"的生态瓶与"菌子园地" | 五年级 | |
| | | | | 我们的毕业林与校园植物大词典 | 二至五年级 | |
| | | 读书节 | 有求知热情，养成静心阅读和善于思考的好习惯，勇于表达自己的观点和想法 | 小书虫的好书推荐："小乐乐"与"三毛"大作家 | 全体学生 | |
| | | | | 作家张乐平与"三毛"书籍简介展 | 全体学生 | |
| | | | | "小乐乐"的温馨图书角 | 全体学生 | |

### （二）樱花园小学案例

【活动主题】 以传统文化教育树立学生文化自信

【活动时长】 一学期

【活动目标】

《中小学开展弘扬和培育民族精神教育实施纲要》指出，要遵循以学生为主体、重在实践的原则，开展传统节日纪念日教育，这是弘扬传统美德、培育学生民族精神的有效载体，也是主题教育活动目标。

1. 知识目标

本次活动一是通过各种法定节日，传统节日，革命领袖、民族英雄、杰出名人等历史人物的诞辰和逝世纪念日，建党纪念日、红军长征、辛亥革命等重大历史事件纪念日，"九一八"国耻日、南京大屠杀死难者国家公祭日；二是未成年人的入学、入队、入团等有特殊意义的重要日子，通过寓教于乐的方式，让全体学生乐于参与，并能从中受到传统文化的熏陶。

2. 能力目标

充分调动学生的积极性、主动性和创造性，引导学生自主学习、自我教育、主动发展。坚持教育与社会实践相结合，通过丰富多彩的社会实践活动，使学生在社会实践活动中体验、感悟、认同民族精神。

3. 行为目标

注重知行统一，鼓励和引导学生在社会生活实践中身体力行,各年级学生通过调查、访谈、参观、实践体验等多种方式,走进社会、走进家庭,弘扬民族精神。

【活动概述】

中共中央、国务院印发的《新时代公民道德建设实施纲要》中指出:"各种重要节日、纪念日,蕴藏着宝贵的道德教育资源。"节日文化蕴含着丰富的道德教育资源。我们的孩子每年都参与节日活动,丰富多彩的习俗风尚、人们的衣食住行、民族的传统艺术以及人与人之间的社会关系和各种情感,都会在节日期间在儿童面前得到充分展现,这种强烈的文化氛围蕴含着道德资源,在新时期的今天仍具有重要的教育意义。

从2014年开始,樱花园小学便开展了结合传统节日的"德育目标系列活动",引导学生探究我国的传统节日,并借此了解中华民族的历史、文化,培养学生成为具有中国情怀的小公民。这其中,有令人自豪的家国情怀,也有对民族文化的倾心传承。传统节日文化熏陶是最好的切入点,也是"德育目标系列活动"的基点。

在"德育目标系列活动"开展过程中,樱花园小学挖掘传统节日的文化内涵,针对小学生对传统节日认识浅显、缺乏情感的现状,用节日寓意引导孩子参与有趣的节日活动,用文化内涵为他们打开一扇多彩的文化之门,形成特色鲜明的德育活动。

【活动内容】

**模块一：阖家团圆过大年**

春节是中国最重要的传统节日，春节有到亲朋好友家和邻居那里拜年祝贺新春的风俗。学校引导学生以"参与、经历、体验、感悟"的方式，学会勤俭、懂得感恩。

环节一：拜大年　立孝心

春节给长辈拜年是中华民族尊老敬老优良品质的体现，遵循传统礼仪，小辈应该在大年初一早上给自己的长辈拜年，因此学校要求学生们在年初一早上要做的第一件事情就是给长辈行中国传统礼仪——躬身作揖礼，同时口中说"祝***春节快乐，身体健康"等祝福的话。

图4-7　拜年

环节二：用好压岁钱　树勤俭品质

召开"如何使用压岁钱"主题班会，组织学生讨论，共同探究如何合理使用压岁钱，呼吁大家自觉养成"勤俭节约、适度消费"的美德；让大家畅谈随意消费的害处，说说可以用压岁钱来做哪些有意义的好事，将支配压岁钱的金点子展示给大家，促进学生养成勤俭节约、适度消费等好习惯。

**模块二：学习雷锋乐助人**

环节一：知恩明理服务父母

一、二年级进行"我为妈妈做件事"和"学做小家务"的活动，孩子们自小在父母的抚育下快乐成长，同时父母也为孩子倾尽所有，所以孩子需要学会感恩自己的父母。别看一、二年级学生年纪小，但他们也能为自己的父母做一些力所能及的事。他们可以为妈妈敲敲背，可以在家里擦擦桌子、洗洗碗，事情虽不大，但也能体现他们的感恩之情。

环节二：知恩明理服务学校

三、四年级同学参加"我为学校清洁护绿"和"我为学校餐厅服务"活动，这两项活动持续将近一个月的时间，在这个月中，三、四年级的同学按班级轮流为学校服务，孩子们拿着抹布、提着垃圾袋，为学校的绿化和餐厅贡献自己的爱心。

妈妈辛苦了

3月8日,2017

图4-8 "感恩母亲"的活动展示

图4-9　高年级学生为低年级学生服务

环节三：知恩明理服务弟妹

五年级同学进行的是"我为一年级同学端饭菜"体验活动，在活动开展的一个月里，每天中午，五年级同学第四节课下课后到自己负责的一年级班级，戴好一次性口罩和手套，把一份份凝聚爱心的饭菜端给一年级小弟弟、小妹妹，同时一年级的学生也要对为自己服务的大哥哥、大姐姐表示感谢。

**模块三：清明祭英烈　永怀感恩心**

清明节到了，为缅怀革命先烈，弘扬爱国主义精神，加强爱国主义教育，引导学生树立正确的世界观、人生观、价值观，学校以"清明节"为契机，开展"清明祭英烈　永怀感恩心"为主题的革命传统教育活动。

环节一：知英烈　说英烈

学生通过书本、网络等方式收集英烈的故事，通过召开主题班队会、网上祭英烈、观看红色题材影片、讲革命故事等形式知晓英烈们的事迹。通过以上活动，可以使学生进一步了解先烈的英雄事迹，从中受到革命传统教育和革命精神的洗礼。

环节二：祭英烈　学英烈

带领学生走进龙华烈士陵园，让学生在庄严肃穆的气氛中，怀着对革命先烈的无比崇敬之情在祭奠广场集体悼念；面对纪念碑，举起右手，重温入队誓词，深切缅怀革命先

图4-10　龙陵行

烈；在参观纪念馆的过程中贴近历史、了解英烈。由此，培养学生继承先烈遗志、积极践行核心价值观的品质，并充分弘扬民族精神。

**模块四：庆六一过端午　争做祖国的好孩子**

让每一个学生过一个自主、开心、有意义的儿童节，同时能体验中国非物质文化遗产的魅力，从而使他们传承文化、获得感悟，树立民族自信心。

环节一：吃粽子　吟古诗　品端午

开展端午节活动，让每一位学生积极参与，体会这个节日的不同之处。学生每人带来一个粽子，边吃边说粽子与端午节之间的联系；学做小诗人，开展古诗吟诵活动。

环节二：庆六一体验非遗　传承我国传统文化

邀请香囊、捏面人、汉服、中国结、京剧脸谱、布艺、茶艺、皮影戏等非物质文化遗产项目的传承人为学生进行现场展示，学生们在亲身实践过程中可以充分体会到传统文化的无穷魅力，让学生感受先贤的智慧和高深的文化底蕴，在他们心中播下保护非遗的种子。

【活动评价】

1.过程性评价

模块一：

环节一：拍摄拜年照片，在班级中展示，并介绍拜年时的自己和家人；评选拍摄和介绍最佳的同学。

环节二：积极参加主题班会，学生分别介绍"压岁钱"的使用方法，评选本班最优使用方案。

模块二：

环节一：每天为父母服务后由家长在评价表上打分。

环节二：在服务后由食堂阿姨和学校卫生老师在评价表上打分。

环节三：在为一年级学弟学妹服务后由一年级班主任在评价表上打分。

模块三：

环节一：以小组为单位选择一位英烈的事迹用各种形式在主题班会上进行宣传，评选最佳小组。

环节二：选择一位让自己崇敬的英烈，把他的事迹做成小报在班级展示栏展示，全班同学进行评价。

模块四：

环节一：以小组为单位介绍粽子、端午习俗或者吟诗朗诵等，评选最佳小组。

环节二：每位学生有一张活动单，每参加一项非遗项目活动后由教师或者志愿者家长进行参与情况的评价。

2. 总结性评价

每环节评价分为A、B、C、D四档，每个环节由教师、同学或者家长打分或评价，到学期结束后，把学期内学生每个模块和环节的评价进行合计，作为学生每学期德育评价的重要组成部分之一，同时也作为每学年评选"樱花六好少年”的重要依据之一。

3. 课程实施效果评价

在学生积极参与学校的传统节日活动过程中，把握学生德育生活化、体验化、地域化等特点，切实增强学校传统节日活动的科学性、系统性、针对性和实效性，根据学生参与度、学生欢迎度、家长接受度、教师操作性、评价合理性以及社会反响等方面，对每个模块、环节进行评价，以问卷调查的形式收集各方面反馈对各模块和整个活动进行评价。

表4-2为樱花园小学各项活动内容与实施安排一览表。

表4-2 樱花园小学各项活动内容与实施安排一览表

| 模块 | 模块主题 | 环节 | 环节主题 | 内容 | 实施对象 | 课程形式 | 实施时间 | 实施地点 | 评价形式 |
|---|---|---|---|---|---|---|---|---|---|
| 一 | 阖家团圆过大年 | 一 | 拜大年立孝心 | 春节用古礼拜年 | 全体学生 | 实践体验 | 寒假 | 家 | 摄影、介绍评选 |
| | | 二 | 用好压岁钱树勤俭品质 | 合理使用压岁钱 | 三至五年级 | 主题班会 | 2月 | 教室 | 压岁钱使用方案评选 |
| 二 | 学习雷锋乐助人 | 一 | 知恩明理服务父母 | 在家为父母做力所能及的家务 | 一、二年级 | 实践体验 | 3月 | 家 | 父母打分 |
| | | 二 | 知恩明理服务学校 | 在校为全校师生服务 | 三、四年级 | | | | 负责老师打分 |
| | | 三 | 知恩明理服务弟妹 | 为一年级弟妹午餐服务 | 五年级 | | | | 一年级班主任打分 |
| 三 | 清明祭英烈 永怀感恩心 | 一 | 知英烈说英烈 | 在班级里介绍自己查找到的英烈事迹 | 三至五年级 | 主题班会（小组形式） | 4月 | 教室 | 介绍，PPT评选 |
| | | 二 | 祭英烈学英烈 | 走进烈士陵园祭扫考察 | 全体学生 | 社会实践 | | 龙华烈士陵园 | 考察报告评选 |
| 四 | 庆六一过端午 争做祖国的好孩子 | 一 | 吃粽子吟古诗品端午 | 用吃粽子、吟古诗的形式体验端午节 | 三至五年级 | 主题班会（小组形式） | 5月中旬至6月中旬 | 教室 | 古诗朗诵评选 |
| | | 二 | 庆六一体验非遗传承我国传统文化 | "体验非遗""六一"主题活动 | 全体学生 | 主题集会（全校形式） | | 教室、操场、专用教室 | 非遗活动参与情况表 |

# 附　录

## 一、公民人格教育推荐资源

### （一）书目

1.《雷锋的故事》

作者：杨称心

出版方：人民邮电出版社

简介：雷锋是中国人民解放军的模范战士，是社会主义时代的好青年。他在短短22年的人生历程中，虽然只是在默默无闻地做着点点滴滴的平凡小事，但正是这些小事，体现了他无私奉献的精神。雷锋已经成为我们每个人心中不可磨灭的榜样，雷锋精神成了我们宝贵的精神财富。本书细致地讲述了雷锋苦难的童年，坚强不屈的成长历程，自强不息的奋斗经历以及牢记党恩、甘愿付出的生活点滴……

2.《扣好人生第一粒扣子：社会主义核心价值观青少年公民读本》

编者：孙霄兵

出版方：新华出版社

简介：核心价值观是一个民族、一个国家的精神追求，是最基本、最核心的价值观。社会主义核心价值观由国家、社会和个人三个层次的内容组成，个人层面是爱国、敬业、诚信和友善。学习、领会和践行社会主义核心价值观是公民教育的重要内容。本书通过图文结合的形式，面向青少年群体，对社会主义核心价值观公民层面的内容进行解读，以期对青少年群体构建良好的世界观、人生观和价值观提供积极帮助。

3.《核心价值观童谣100首》

编者：中国少年先锋队全国工作委员会

出版方：中国少年儿童出版社

简介：《核心价值观童谣100首》是一本体现社会主义核心价值观的励志童谣集，分为富强、民主、文明、和谐、自由、平等、公正、法治、爱国、敬业、诚信、友善12个部分。书中以童谣的形式来阐述社会主义核心价值观的内涵，让孩子们从小理解并践行社会主义核心价值观，热爱祖国，热爱人民，增强民族自豪感和自信心，成长为遵纪守法，勤奋敬业，恪守正义，有爱心、懂诚信的合格公民。全书积极向上，有童真童趣，朗朗上口，不仅能够让小读者受到思想上的教育，而且还能体验语言的美感，便于传诵记忆。

4.《周末与爱丽丝聊天·米兰的秘密花园》

作者：程玮

出版方：晨光出版社

简介：一个生活在德国的中国小女孩米兰，在成长的关键时期，遇到了一位神秘的德国老人爱丽丝。这是孩子与老人的对话，是文化与文化的对话，也是东方与西方的对话。米兰每一个周末都和爱丽丝见面、聊天，逐渐感知、理解了友情、爱情、财富、时尚、风度和礼仪等观念。渐渐地，米兰成为一个德国人眼中识礼又有内涵的小女士，而她的同龄伙伴们仍然是天真烂漫的小朋友。米兰了解到，每个人都和自己同样重要，都有被尊重的权利，因此要关心身边每个人的感受，并且适时表达自己的感谢。

5.《孩子，先别急着吃棉花糖》

作者：[美]乔辛·迪·波沙达

出版方：青岛出版社

简介：小学生珍妮弗家境不错，平日里衣食无忧，但跟所有同龄的小女孩一样，对学习和生活有不少的疑惑和抱怨。父亲乔纳森事业成功，但平时工作十分忙碌。为了帮助女儿快乐成长，乔纳森给女儿讲了一个又一个小故事，还

把自己小时候参加过的斯坦福大学的棉花糖实验拿来跟女儿分享。他的努力，终于让珍妮弗有了很大的改变。她不再遇事抱怨，变得更自信、更快乐、更会管理自己，无形中养成了受益一生的好习惯。

## （二）影视

1.《一个都不能少》

导演：张艺谋

简介：14岁的魏敏芝到一个贫穷的小学代课，她毫无教学经验，不但不知道如何教书，甚至还受到学生的欺负。但她给校长的保证是，她会在原任教老师回来后把班级交还给她，"一个学生都不会少"。班上一名学生因家计困难而放弃学业到城市中打工，她费尽千辛万苦要将他找回。她带领学生团结合作，在寻人的过程中，给了孩子最好的教育。

2.《中国机长》

导演：刘伟强

简介：该片根据2018年5月14日四川航空3U8633航班机组成功处置特情的真实事件改编。机组执行航班任务时，在万米高空突遇驾驶舱风挡玻璃爆裂脱落、座舱释压的极端罕见险情，生死关头，他们临危不乱、果断应对、正确处置，确保机上全部人员的生命安全，创造了民航史上的奇迹。

3.《放牛班的春天》

导演:〔法〕克里斯托夫·巴拉蒂

简介:《放牛班的春天》是2004年上映的一部法国音乐电影,影片中,一位怀才不遇的音乐老师马修来到辅育院,面对的不是普通学生,而是一群被大人放弃的"野男孩",而马修则改变了孩子们以及他自己的命运。

4.《摔跤吧! 爸爸》

导演:〔印〕尼特什·提瓦瑞

简介:《摔跤吧! 爸爸》是2016年上映的一部印度传记片。影片根据印度摔跤手马哈维亚·辛格·珀尔的真实故事改编。辛格曾是印度国家摔跤冠军,因生活所迫放弃摔跤。他希望儿子可以帮他完成梦想——赢得世界级金牌,妻子却接连生下了两个女儿。以为梦想就此破碎的辛格意外地发现女儿身上的惊人天赋,看到冠军希望的他决定不能让女儿的天赋浪费,不让她像其他女孩一样只能洗衣做饭过一生。他与妻子约定在一年时间里按照摔跤手的标准训练两个女儿:换掉裙子、剪掉长发,让她们练习摔跤。他们一起努力,赢得一个又一个冠军,最终成为榜样,激励千千万万女性追求自己的梦想。

5.《飞屋环游记》

导演:〔美〕彼特·道格特

简介:《飞屋环游记》是由皮克斯动画工作室于2009年出品的动画电影。已经78岁的气球销售员卡尔·弗雷德里克森自小就迷恋探险故事,曾经希望能成为伟大的探险家。老伴去世后,卡尔决定实现他和他妻子毕生的愿望——去南美洲失落的"天堂瀑布"探险。不过,他并不打算一个人去,而是和他的屋子一起去,因此卡尔在屋顶上系上成千上万个五颜六色的氢气球。正当他独自享受这伟大之旅时,遇上了自称为"荒野探险家"的8岁小男孩罗素,于是卡尔带上小男孩一起踏上这惊险刺激的探险之旅。

### (三)实践基地

1.上海东方绿舟基地

地址:上海市青浦区沪青平公路6888号

简介:上海东方绿舟基地位于青浦区西南,淀山湖畔,是上海市落实科教兴国战略和大力推进素质教育的一项标志性工程,是上海最大的校外教育场所,拥有智慧大道区、国防教育区等八大园区。东方绿舟紧紧围绕校外素质教育和社会服务两大中心职能,形成了"国防教育、公共安全、国际修学、拓展培训、环保科普"五大教育品牌。基地拥有智慧大道、仿真航空母舰、湖滨广场、渔人码头、月亮湾、地球村等16大景点和岩壁攀登、趣桥体验、科学探索、拓展训练、素质测试、军事体验等三十余项活动项目。

2. 奉贤区少年军校

地址：上海市奉贤区海湾旅游区金汇大道5号

简介：奉贤区少年军校于1986年在空军某部驻奉高炮靶场的军营内诞生，是中国最早成立的少年军校，1992年被列入国防教育大辞典。学校位于美丽的杭州湾畔海湾旅游区，周边海涂风光、生态景观、军事设施等资源丰富，交通便捷。校区占地近30亩（约20 001 m²），可提供300多人食宿。军校在二十多年的实践探索基础上，逐步完善了军政训练、民防救护、科普活动、成长系列仪式教育及民族风情教育等课程建设，形成军事训练、战地救护、成长仪式、海趣活动四大活动特色。

3. 外滩历史纪念馆

地址：上海市黄浦区中山东一路475号

简介：外滩历史纪念馆于1995年9月落成，由黄浦区政府和上海市档案局联合主办，观众可以在馆内通过外滩发展轨迹洞悉上海的发展历史。纪念馆内以珍贵的历史照片为主，辅以具有代表性的档案文献、实物，向观众展示了外滩开埠150年来的历史变化。纪念馆采用现代化多媒体手段，通过数码相框、投影、触摸屏、电子书等集中展示了外滩百年沧桑变化。纪念馆分为新中国成立前老外滩历史、新中国成立后新外滩的发展两大板块，通过外滩日新月异的变化，展现上海近现代历史。

4. 上海消防博物馆

地址：上海市长宁区中山西路229号

简介：上海消防博物馆场馆面积约2 400 m²，是目前国内一流且具有世界先进水平的专业博物馆。上海消防博物馆现有藏品两万余件，包括众多极具史料价值的近代上海消防文物，如早期的个人消防装备、消防车和自动化消防装置等，通过各个展区的展示，参观者可以对上海消防事业从孕育、发展到辉煌跨越的历程有一个全面的了解。博物馆还拥有一个多功能的消防科技教育体验馆，使用了高科技展示技术，包括动感4D影院、虚拟逃生体验空间、互动虚拟火灾实验室等。

5. 上海公安博物馆

地址：上海市徐汇区瑞金南路518号

简介：上海公安博物馆是国内首座公安专题博物馆，于1999年9月11日正式对外开放。馆内设公安史馆、英烈馆、队伍建设馆、刑事侦查馆、治安管理馆、交通管理馆、监狱和看守所馆、消防管理馆、警用装备馆、警务交流馆、消防模拟演练馆、情景互动射击馆12个分馆。博物馆记录了自1854年上海建立警察机构来一百多年的历史沿革，着重展示了1949年6月2日上海市人民政府公安局建立后，上海公安在打击犯罪、保障建设、维护稳定等各方面的业绩，还收藏了从晚清至今公安（警察）题材的中外藏品18 000余件，其中国家一级文物49件（套）。

## 二、政治认同教育推荐资源

### （一）书目

1.《花山村的红五星》

作者：李秀儿

出版方：浙江少年儿童出版社

简介：1936年3月24日傍晚，花山村的大树家来了一个红军娃子，灰布军服，八角帽檐上的红五星格外醒目。尽管孩子在第二天就不幸离世，但村民大树还是将孩子埋在了祖坟里，每年两次雷打不动前往祭拜。花山村在历史长河中沉沉浮浮，杜家也从原本的务农，到经历跑马帮的动荡，最后驻守老屋自耕自足，兜兜转转一个圈，唯独"守墓人"的身份一直没有改变。花山村上红五星的光辉，即使在最艰难的岁月也没有被磨灭。随着新时期的到来，红军墓、花山村、虎头山……这段历史愈加清晰地被铭刻在了时代的功勋碑上。小树老了，祖屋与祖训和子孙辈越发隔阂了。那么，花山村的红五星，还会延续光芒吗？

2.《难童求学记》

作者：荣荣

出版方：浙江少年儿童出版社

简介:1938年,国难当头,战火纷飞。作为奉化爱国人士、实业家竺梅先与妻子徐锦华一起,在宁波奉化办了一个"国际灾童教养院",先后帮助了600余名在战争中流离失所的难童。李福生、林长根、陈桂珍……就是活跃在其中的一张张天真而鲜活的面孔。"每一朵乌云都有一道金边。"教养院的生活虽苦,却给这些失去亲人护荫的孩子们留下了温馨、难忘的回忆。他们由此出发,走向反法西斯的战场,奔赴抗日救国的前线。

3.《中国少年先锋队章程》

作者:中国少年先锋队全国工作委员会

出版方:中国少年儿童出版社

简介:《中国少年先锋队章程》体现了党的教育方针和党对少年儿童工作的指示精神,是共青团中央、全国少工委带领少先队、广大少先队辅导员近70年来工作实践中取得的宝贵经验的积淀,内涵十分丰富,是马克思主义中国化在少年儿童组织教育上的思想结晶,是各级少先队组织进行教育、开展活动、过组织生活必须遵循的准则和依据,是每个队员学习、生活、实践体验的准则,是少先队工作者和少先队辅导员指导少先队工作的根本依据。

4.《小英雄雨来》

作者:管桦

出版方：南方出版社

简介：抗日战争时期，晋察冀边区12岁的雨来是一个游泳本领很强的孩子。一次，交通员李大叔为了躲避鬼子藏到了雨来家，雨来为了掩护李大叔被鬼子抓住了，他坚决不说出李大叔藏在哪里，鬼子把雨来拉到河沿上，想杀害雨来，没想到雨来在鬼子开枪前就跳入河中，凭着他高超的游泳本领从鬼子的枪口下巧妙地脱险了。

5.《成长摇篮：中国少年先锋队建立》

作者：王金峰

出版方：吉林出版集团有限责任公司

简介：《成长摇篮：中国少年先锋队建立》一书介绍了中国少年先锋队从成立到发展的历史，讲述了这一少年儿童组织在中华人民共和国成立初期、社会主义改造时期和社会主义建设时期开展的各项活动，如少年儿童队支援抗美援朝、儿童队参加镇压反革命运动，开展"三要三不要"活动，少先队员走进怀仁堂，少先队参加国际活动，少先队召开工作会议，少先队开展学雷锋活动，等等。

**（二）影视**

1.《鸡毛信》

导演：石挥

简介：《鸡毛信》是1954年由上海电影制片厂摄制，蔡

元元、蔡安安、舒适等人主演的一部抗战故事片。影片主要
讲述了龙门村的儿童团长海娃奉命给八路军送鸡毛信的路
上所发生的故事。影片是中华人民共和国成立后第一部反
映中国少年儿童在抗日战争时期的对敌斗争的儿童影片，
也是中国第一部获国际大奖的儿童影片。

2.《地下少先队》

导演：高衡

简介：1949年，上海某中学学生江大成被反动的朱校
长以出售《新少年报》的借口开除。在党的地下工作者杨
明老师引导下，他走上了革命道路。吕小可、陈玉珍等同学
在江大成影响下，把被查封的《新少年报》改为墙报在学校
出版，并秘密散发传单，唤起人们的斗志，终于迎来了上海
的解放。在雄壮的少先队队歌中，少年儿童们举行了庄严
的入队仪式，江大成为新队员系上了红领巾。

3.《小兵张嘎》

导演：崔嵬、欧阳红樱

简介：《小兵张嘎》是北京电影制片厂出品的剧情片，
该片改编自徐光耀的小说《小兵张嘎》，于1963年上映。电
影讲述了小嘎子在老钟叔、老罗叔、区队长、奶奶的引导下，
成为一名名副其实的八路战士的故事。

4.《建党伟业》

导演：韩三平、黄建新

简介：《建党伟业》是为庆祝中国共产党建党90周年而制作的献礼影片。该片从1911年辛亥革命爆发开始一直叙述至1921年中国共产党第一次全国代表大会召开为止共10年间中国所发生的一系列重大历史事件，由民初动乱、五四运动及中共建党三部分剧情组成。

5.《我们走在大路上》

导演：闫东

简介：该片以1949年至2019年的70年为时间线索，讲述中华人民共和国成立后的一个个高光时刻，如天安门城楼上的庄严宣告、土地改革、第一届全国人民代表大会的召开、《中华人民共和国宪法》的通过、第一颗人造卫星在太空中奏响《东方红》、重返联合国等，以一段段历史片段串起中华人民共和国成立以来古老神州的巨大变迁，真实再现了中华人民共和国在攻坚克难中屹立世界东方所取得的骄人成就，以及神州大地上处处涌动的澎湃激情。

（三）实践基地

1.中共一大会址纪念馆

地址：上海市黄浦区兴业路76号

简介：中国共产党第一次全国代表大会会址，简称中共一大会址，是中国共产党的诞生地。这是一幢沿街砖木结构、一底一楼的旧式石库门住宅建筑，坐北朝南。中国共产党第一次全国代表大会于1921年7月23日至7月30日在楼下客厅举行。中共一大会址在1952年后成为纪念馆，1959年5月26日公布为上海市文物保护单位。1961年被国务院列为第一批全国重点文物保护单位。1997年6月成为全国爱国主义教育示范基地。2016年9月入选"首批中国20世纪建筑遗产"名录。

2. 龙华烈士陵园

地址：上海市徐汇区龙华西路180号

简介：龙华烈士陵园由邓小平同志题写园名，系全国重点文物保护单位和重点烈士纪念建筑物保护单位。这里原为国民党淞沪警备司令部旧址和龙华革命烈士就义地。中华人民共和国成立后，被作为革命烈士纪念地予以保护，20世纪90年代初与上海烈士陵园合并建设。1995年7月1日建成开放，是一座集纪念瞻仰、旅游、文化、园林名胜于一体的陵园，素有"上海雨花台"之称。

3. 中共代表团驻沪办事处旧址纪念馆（周公馆）

地址：上海市黄浦区思南路73号

简介：1946年—1947年国共谈判期间，周恩来在这里工作、生活，并曾在此接待美国总统特使马歇尔，与国民党政府代表邵力子、吴铁城及第三方面代表沈钧儒、黄炎培等交换意见，还举行过中外记者招待会。1959年5月26日，这里由上海市人民委员会公布为市级文物保护单位。1979年2月，经中共上海市委报请中共中央批准同意，修复旧址，恢复原貌，建立纪念馆。1982年3月5日，纪念馆实行内部开放。1986年9月1日起正式对外开放。2019年10月，被列入第八批全国重点文物保护单位名单。

4. 地下少先队群雕

地址：上海市普陀区大渡河路189号（长风公园内）

简介：1990年5月，由上海市儿童和青少年工作者协会、市园林管理局等单位主办，上海市总工会等32个单位赞助，在普陀区长风公园中心的大草坪东部，筹建了地下少先队群雕，以纪念新民主主义革命时期上海少年儿童的革命功勋。

地下少先队群雕由四幅铜质浮雕组成，画面嵌在花岗石墙上，石墙背面镌刻革命儿童的英雄业绩碑文。在碑雕的最高框架上，星星火炬队徽高高耸立，队徽为铜质，高约3 m。在纪念平台上，有一尊今日少先队员为共产主义宣誓、吹响号角的不锈钢雕像，高达4 m。

5. 上海解放纪念馆

地址：上海市宝山区宝杨路599号（宝山烈士陵园内）

简介：展馆陈列以上海战役实施"钳击吴淞、解放上海"的战役决策为主线，重点展示解放军将国民党守军主力吸引到郊区并将其歼灭，从而保全上海市区的主要史迹。主展厅除有近200幅图片和100余件实物外，还有用声光电先进技术制作的动态军事地图，再现战斗复原场景，多媒体幻影成像和影视短片，国民党军防御工事碉堡及深水壕沟的场景复原，以及描绘解放军指战员英勇形象的油画、雕塑等艺术作品。

## 三、国家意识教育推荐资源

### （一）书目

1.《让小学生学会感恩祖国的100个故事》

作者：刘光全

出版方：花山文艺出版社

简介：古往今来，多少仁人志士用功勋诠释着爱国主义的内涵，创造了宝贵的精神财富；寻常百姓也用各种不同的方式展现着深沉的爱国情怀，演绎了数不尽的感人故事。品读他们的事迹，爱国之心油然而生，我们为革命先烈的英勇无畏而感动，为祖国曾经的苦难而落泪，更为祖国悠久的历史和灿烂辉煌的文明而自豪。

2.《写给儿童的中国历史》

作者：陈卫平

出版方：新世界出版社

内容简介：《写给儿童的中国历史》以近百篇精彩的故事、上千幅插画贯穿上古至现代的中国历史，为儿童描绘了一个完整、具体的轮廓。以儿童的生活经验与历史因果相结合，叙史故事化，以新鲜的文字妙喻再加上写实精美的插画，唤起儿童对历史的兴趣；精彩有趣的故事不仅带给孩子想象与创造的空间，真实的历史更给孩子思考与判断的智慧。

3.《写给儿童的中国地理》

作者：陈卫平、陈雨岚等

出版方：新世界出版社

内容简介：《写给儿童的中国地理》是一套写给孩子看的中国地理书，它以自然区界将中国划分为"天府之国""洞庭南北""云贵山中"等14个地理区，用贴近生活的笔触，引领孩子们走遍中国的山山水水、城市乡镇。细腻绘制的地形图、丰富的地貌及人文景观图片，呈现极具特色的中国自然与人文地景。从自然地貌、水文气候，到风物人情、典故传说，处处都是故事。它揭示了中国地理的丰富和有趣，也以独特的诗意吸引孩子们爱上地理、探索地理、发现人生。

4.《可爱的中国》

作者：方志敏

出版方：陕西师范大学出版社

简介：《可爱的中国》是方志敏的散文集，也是他的遗著，1935年写于狱中。作者以亲身经历概括了中国从五四运动到第二次国内革命战争以来的历史，愤怒地控诉了帝国主义肆意欺侮中国人民的种种罪行。他满怀爱国主义激情，象征性地把祖国比喻为"生育我们的母亲"，坚信中华民族必能取得最终的胜利。

5.《我的祖国》

作者：徐鲁著；朱成梁等绘

出版方：中国少年儿童出版社

简介：《我的祖国》由著名儿童文学作家徐鲁进行文字创作，并邀请了朱成梁、徐开云、陈泽新、李全华、李红专、程思新、李蓉等国内知名的画家共同进行绘画创作。全书以简洁、明快的语言，从不同的视角，拟人化地表达了"我爱我的祖国"这一主题，内容积极向上，画面丰富多彩，旨在从小培养孩子热爱祖国、热爱生活和大自然的真情实感。

（二）影视

1.《建国大业》

导演：韩三平、黄建新

简介：该片是庆祝中华人民共和国成立60周年的献礼片，讲述了从抗日战争结束到1949年中华人民共和国成立前夕发生的一系列故事。影片主线是中国人民政治协商会议第一届全体会议的筹备，突出了当时中国共产党领导的多党合作和政治协商制度的形成。

2.《钱学森》

导演：张建亚

简介：《钱学森》是一部人物传记电影。由张建亚执导，陈坤、张雨绮、张铁林联合主演。该电影主要讲述的是钱学森青年赴美、励志求学、涉险回国、建功立业等一系列鲜为人知的故事和曲折人生。

3.《我和我的祖国》

导演：陈凯歌等

简介：该片讲述了中华人民共和国成立70年间普通百姓与共和国息息相关的故事。7位导演分别取材中华人民共和国成立70周年以来祖国经历的无数个历史性经典瞬间，讲述普通人与国家之间息息相关、密不可分的动人故事。聚焦大时代大事件下普通人和国家之间看似遥远实则密切的关联，唤醒全球华人共同回忆。

4.《攀登者》

导演：李仁港

简介：1960年，中国登山队首次冲刺珠峰，临时担任队长的方五洲在救助同伴曲松林还是保住曲松林手中的摄像机之间，选择了前者，这让中国登山队虽然成功从北坡登顶，完成了世界登山界认为不可能实现的任务，但因为缺少环绕山顶拍摄的360度影像资料，而不为国际所认可。1975年，为了得到国际社会的承认，中国登山队再度集结。方五洲和曲松林在气象学家徐缨的帮助下，带领李国梁、杨光等年轻队员再次挑战世界之巅。迎接他们的将是更加严酷的现实，也是生与死的挑战。

5.《八佰》

导演：管虎

简介：故事原型为1937年发生于上海的四行仓库保卫战，此战为淞沪会战最后一役，故事围绕"八百孤军血战四行仓库"展开。1937年淞沪会战末期，中日双方激战已持续三个月，上海濒临沦陷。第88师262旅524团团附谢晋元率420余人，孤军坚守最后的防线，留守上海四行仓库。为壮声势，实际人数400人而对外号称800人。"八百壮士"奉命留守上海闸北，在苏州河畔的四行仓库与日军鏖战4天，才获令撤往英租界。

### （三）实践基地

1. 国歌展示馆

地址：上海市杨浦区荆州路151号

简介：国歌展示馆坐落在国歌纪念广场西南侧，总面积1 500 m²，由序厅、国歌诞生厅、国歌纪念厅、"我"和国歌厅、国歌震撼厅以及世界各国国歌厅组成。展馆以国歌故事为主线，以爱国主义为基调，以声音效果为重点，以展示、教育、收藏、研究四大功能为方向，通过600余件文物、文献和历史照片，全面展示《义勇军进行曲》的诞生背景、创作过程、传唱与影响，充分展现国歌魅力，激发各界民众的爱党爱国情怀。

2. 宋庆龄故居

地址：上海市徐汇区淮海中路1843号

简介：宋庆龄故居是一幢红瓦白墙的小洋房，1948年到1963年宋庆龄在这里工作、生活达15年之久。1949年宋庆龄当选为中央人民政府副主席后，经常在这里举行各种国务活动，会晤和宴请来访的各国贵宾，促进中外交往，维护世界和平。她在中华人民共和国成立后所创建的妇幼文化福利事业和对外宣传刊物也是在这里酝酿、筹划的。她也曾在故居内会见过许多党和国家领导人如毛泽东、刘少奇、周恩来、邓小平、朱德、陈毅等。

3.钱学森图书馆

地址：上海市徐汇区华山路1800号

简介：坐落在上海交通大学徐汇校区的钱学森图书馆，于2011年12月11日钱学森100周年诞辰之际建成并对外开放。图书馆总用地面积为9 300 m²，总建筑面积为8 188 m²，地下一层，地上三层，陈展面积为3 000余平方米。馆内基本展览分为"中国航天事业奠基人""科学技术前沿的开拓者""人民科学家风范"和"战略科学家的成功之道"四个部分。

4.四行仓库抗战纪念馆

地址：上海市静安区光复路1号

简介：四行仓库是一座位于原闸北区南部的仓库建筑，原是大陆银行和北四行（金城银行、中南银行、大陆银行及盐业银行）联合仓库。淞沪会战时期，这里曾驻扎400余名国民革命军将士，英勇抵抗日军的进攻。2015年8月13日，在淞沪会战78周年纪念日之际，四行仓库抗战纪念馆落成开馆。附近的光复路21号，还有八百壮士英勇抗日事迹陈列馆。

5.韬奋纪念馆

地址：上海市黄浦区重庆南路205弄53、54号

简介：韬奋纪念馆原为韬奋故居，是他在20世纪30年

代于上海居住和工作的地方。邹韬奋是中国近代史上杰出的爱国者和共产主义战士，也是著名的新闻记者、出版家和政论家。纪念馆分两部分，一部分为故居，仍保持着20世纪30年代韬奋一家居住的原貌，所陈列的都是邹韬奋生前用过的原物；另一部分为生平事迹陈列馆，主要介绍邹韬奋的生平故事。

## 四、文化自信教育推荐资源

### （一）书目

1.《图说中国节》

作者：大乔

出版方：中国社会科学出版社

简介：节日文化是中华民族文化的重要组成部分。冬去春来，岁月递嬗，时光如流，一个个中国节日在井然有序地轮替着。人们依照时节，付出辛勤的劳作，收获丰稔的果实，感受生活的美好，缅怀逝去的亲人。

鞭春劝农，新正拜贺，元宵花灯，三月踏青，端午竞渡，七夕乞巧，中秋拜月，三秋尝新，重九登高，冬至馄饨，腊八佛粥，糖瓜祭灶，团年守岁……中华民族的每一个节日都是一幅优美的图画，都是一首欢乐的歌。

2.《中国神话传说：从盘古到秦始皇》

作者：袁珂

出版方：北京联合出版公司

简介：该书是中国神话学专家袁珂先生的研究成果。作者对浩瀚的古文献资料考辨真伪、订正讹误、加以排比综合，从盘古开天辟地叙述到秦始皇统一六国，把散落在群籍中的吉光片羽遴选出来，熔铸成一个庞大而有机的古神话体系，为读者呈现了一个包罗万象的瑰丽世界，生动地描述了古代中国人的社会生活图系。

3.《给孩子的汉字王国》

作者：〔瑞典〕林西莉

出版方：中信出版社

简介：该书以图文并茂的形式为孩子讲述中国文字的起源和特点，主要选取一些与人的生活有关的字，按章讲述，如人与人类，水与山，车、路与船，麻与丝，竹与树，屋顶与房子，书籍与音乐等，同时分析和讲述中国人的生活方式和风俗习惯。作为一个外国人，林西莉对每一个汉字都充满了好奇，比如为什么人们把自来水的开关称之为"龙头"？为什么许多中国人见了面不问"你好"，而问"你吃了吗？"等。书中只讲述了200多个基本汉字，它们大多是中国人最早创造使用的汉字。可以说，这是一本孩子学习汉字的通俗易懂的入门书。

4.《声律启蒙：注音朗读版》

作者：车万育

出版社：中信出版社

简介：《声律启蒙》为经典国学读本，为训练儿童作诗对句、掌握声韵格律的最佳启蒙读物。以音韵分编，包罗万象，天文地理、花草鱼虫、人事器物……虚实结合，音韵协调，读来朗朗上口，妙不可言。虽为启蒙读物，但文学性不输古代诗词歌赋，因此独具一格，经久不衰。

该版本逐字注音，内附独家二维码音频，给孩子听古典中国的风云雨雪、花鸟鱼虫。32幅吴冠中精美绘画，让孩子看万里中国的山川河流、屋舍桑田。

5.《中国诗词大会》

作者：中国诗词大会栏目组

出版社：北京联合出版有限公司

简介：《中国诗词大会》是央视首档全民参与的大型诗词文化类竞赛节目。入选诗词以中小学教材名篇为基础，选题精准、命题范围恰当，重视孩子的中国传统文化教育，出题范围从《诗经》一直到历代诗词，涵盖豪放、婉约、田园、边塞、咏物、咏怀、咏史等各个类别，选择具有"当代意义"的经典名篇和名句，力求将题目与现实生活相关联，题目生动活泼而不呆板，聚焦忠孝、仁义、爱国等中华优秀传统文化主题。孩子可以在书中生动的一问一答之间，体会

中国诗词之美,感受诗词之趣。

### (二)影视

1.《大闹天宫》

导演:万籁鸣、唐澄

简介:在花果山带领群猴操练武艺的猴王因无称心的武器,便去东海龙宫借宝,强硬求来了龙宫的定海神针——如意金箍棒。龙王心有不甘,跑去天宫告状,玉帝命太白金星下界招安,封猴王为"弼马温"。得知自己受骗上当的猴王怒而返回花果山,自封"齐天大圣",与天兵天将展开大战……

该片是上海美术电影制片厂历时4年制作的一部彩色动画长片,通过孙悟空闹龙宫、反天庭的故事,集中而突出地表现了孙悟空的传奇经历。

2.《中国美》

导演:金莹、杨晓飞、邓斐、张春昶、虞海涛

简介:以浓淡、动静、声色、形意为题,以建筑、书画、戏曲、舞蹈、音乐、设计为载体,讲述中国传统美学在当代世界大放异彩的故事,展现中国人独特的精神世界和生活方式。

3.《航拍中国》

导演:余乐、郭滢等

简介:《航拍中国》是由中央广播电视总台推出,央视

纪录国际传媒有限公司承制的航拍纪录片，以空中视角俯瞰中国。该片分为《航拍中国第一季》(2017)、《航拍中国第二季》(2019)、《航拍中国第三季》(2020)。

《航拍中国第一季》包含新疆、海南、黑龙江、陕西、江西、上海6个单元。《航拍中国第二季》选取了浙江、四川、内蒙古、甘肃、广东、福建、江苏7个省区。《航拍中国第三季》选取了云南、安徽、贵州、山东、天津、山西、吉林、湖南、河北、宁夏10个省市自治区。全片通过宏观和微观相结合的空中拍摄角度，全方位展示各地自然地理风貌、历史人文景观及经济社会发展，全景式俯瞰一个观众既熟悉又新鲜的美丽中国、生态中国、文明中国。

4.《我在故宫修文物》

导演：叶君、萧寒

简介：以故宫的文物修复者为主要拍摄对象，重点记录故宫书画、青铜器、宫廷钟表、木器、陶瓷、漆器、百宝镶嵌、宫廷织绣等领域的稀世珍奇文物的修复过程和修复者的生活故事。

5.《舌尖上的中国》

导演：陈晓卿

简介：《舌尖上的中国》共三季，分别于2012年、2014年、2018年推出。该纪录片围绕中国人对美食和生活的美

好追求,用具体人物故事串联,讲述了中国各地的美食生态。"一方水土一方人",通过展示人们日常生活中与美食相关的多重侧面,描绘与感知中国人的文化传统、家族观念、生活态度与故土难离。

### (三)实践基地

1. 上海博物馆

地址:上海市黄浦区人民大道201号

简介:上海博物馆创建于1952年,新馆于1996年10月12日全面建成并对外开放。新馆是方体基座与圆形出挑相结合的建筑造型,具有中国"天圆地方"的寓意。馆名"上海博物馆"为上海第一任市长陈毅书写。上海博物馆设有11个专馆,3个展览厅,陈列面积2 800平方米。馆藏文物近百万件,其中精品文物12万件,尤其以青铜器、陶瓷器、书法、绘画为特色。

2. 上海科技馆

地址:上海市浦东新区世纪大道2000号

简介:上海科技馆位于花木行政文化中心区,世纪广场西侧,南邻世纪公园,是国家5A级科普旅游景点。主馆占地面积6.8万多平方米,建筑面积9.8万平方米,分为11个风格各异的主题展区、4个高科技特种影院、3个古今中外科学家及其足迹的艺术长廊、2个主题特展和若干个临时展厅,它们共同为四方游客生动地演绎着"自然、人、科技"的永恒话题。

### 3.黄道婆纪念馆

地址:上海市徐汇区华泾镇东湾村徐梅路700号

简介:"黄婆婆,黄婆婆,教我纱,教我布。两只筒子两匹布。"在华泾地区,至今还流传着这首歌颂黄道婆在家乡推广、传授纺织技术的歌谣,为了纪念这位纺织技术革新家,徐汇区文化局和华泾镇政府在黄道婆长眠的墓地旁建造了纪念馆,展示她一生所做出的贡献。

纪念馆设三个展馆,主展厅内用图片、文字、实物等形式陈列展示黄道婆的生平事迹以及她对我国纺织事业做出的历史功绩,其他两个展厅分别展示不同时期的纺织工具和棉纺织品。

### 4.中华艺术宫

地址:上海市浦东新区上南路205号

简介:中华艺术宫由2010年上海世博会中国国家馆改建而成,于2012年10月1日开馆,总建筑面积16.68万平方米,展示面积近7万平方米,拥有35个展厅。中华艺术宫是集公益性、学术性于一身的近现代艺术博物馆,以收藏保管、学术研究、陈列展示、普及教育和对外交流为基本职能,坚持立足上海、携手全国、面向世界。中华艺术宫秉持艺术

服务人民的立馆之本，始终把观众需求作为第一信号，坚持公益性的基本价值取向，集社会各方之力，加强文化生产，强化公共服务，努力成为公众享受经典艺术、提升艺术美育的高雅殿堂。

5.中国航海博物馆

地址：上海市浦东新区南汇新城申港大道197号

简介：中国航海博物馆是中国首个经国务院批准设立的国家级航海博物馆，由交通运输部和上海市人民政府在上海市共建。博物馆于2010年7月5日全面建成开放。室内展览面积21 000平方米，以"航海"为主题，以"博物"为基础，分设航海历史、船舶、航海与港口、海事与海上安全、海员、军事航海六大展馆，渔船与捕鱼、航海体育与休闲两个专题展区，并建有天象馆、4D影院、儿童活动中心，涵盖文物收藏、学术研究、社会教育、陈列展示等功能。

# 教师参考书目

1.《生命与教育》

作者：冯建军

出版方：教育科学出版社

简介：本书基于对生命本质和生命化教育的理念、特点,构建了生命化教育的体系,书写了有"人"的生命教育学。它让人们重新审视教育的过去,向着生命的未来行进。本书怀着对生命的敬畏和尊崇,以热切而理性的思索努力追寻教育的本真,引导教育的实践:将生命融于教育,将教育融于生活,让教育成为生命的诗意存在,凸显生命的灵动、自由和独特,并以此渐臻生命的完满与幸福。

2."当代德育新理论丛书"

作者:朱小蔓等

出版方:人民教育出版社

简介:这是一套关于道德教育基本理论的丛书,是"社会转型时期中国道德教育基本理论研究"的重要成果,包括《情感德育论》《生命德育论》《关怀德育论》《品格德育论》4册书。丛书主要以建构和阐发新的道德教育理念为基本内容。道德教育的核心主题就是讨论人性向善,是引导社会向善,引导个体人凝聚成一个有秩序、有效率、有整体精神风貌的社会集群。人类为了实现这一目标,就需要引导个体人提升其精神境界,体认向善的方向和方式,展现人性的美好品质。而个体的人性、生命性,与社会的整体风貌之间存在着一种人文关系。对这种人文关系的研究,既是人类文化的基础性、深层次问题,也是教育特别是道德教育所要研究的基本命题。可以说,道德教育研究的人文主题,恰恰是人作为宇宙生灵所面临的基本问题。

3.《浪漫：自由与责任——檀传宝德育十讲》

作者：檀传宝

出版方：华东师范大学出版社

简介：该书包括道德教育与心理（健康）教育、道德教育与经济教育、道德教育与私生活、德育的可欣赏性或德育欣赏的可能性、"欣赏型德育模式"建立的现实性、从德育美学观到欣赏型德育等内容。虽然是文字记录，无法复制演讲的现场感，但它具有另外一种优势——可以通过符号效应给读者留下无尽遐想和从容思索的空间。

4.《中国传统德育心理学思想及其现代意义》

作者：汪凤炎

出版方：上海教育出版社

简介：本书是国内较早的专门研究中国传统德育心理学思想的专著。与国内同类著作相比，本书在体系结构、材料运用、观点剖析、现代意义的阐发等方面都有较大突破。本书借助国外道德心理学专家学者的帮助，对近十几年来西方道德心理学的最新发展做了深入系统的理论评析，对中国当代的德育理论和实践以及中国特色德育心理学的建设均有重要价值。

5.《做一件幸福的事》

作者：郑瑞芳

出版方：中国人民大学出版社

简介：本书是北京人大附小校长郑瑞芳老师对自己数十年教学经验的总结，也是对自己做校长整整十年来教育管理理念的总结。如何与教师相处，如何与学生相处，这些都通过一个个具体的事例娓娓道来。从中可以读到郑校长对于儿童教育的感悟与思考，不仅能给处在教育战线上的老师们、校长们带来启发，对于家长来说，如何配合学校教育做好家庭教育，从中也能学到很多方法。